Benchmarking Management of Power Grid Enterprises

电网企业对标管理

国网湖北省电力有限公司　组编

朱　伟　张承彪　主编

中国电力出版社

CHINA ELECTRIC POWER PRESS

内 容 提 要

当前，国内外市场竞争日益激烈，增强企业市场竞争能力尤为迫切。对照世界一流企业找差距，学经验，切实抓好立标、追标、达标和创标的对标管理四阶段，是推进企业达到世界一流的关键举措，也是实现国际领先的重要途径。

为系统总结和固化企业对标管理最新制度化成果，满足企业管理人员学习掌握对标理论和实践方法的需要，助力提升企业治理体系和治理能力现代化水平，国网湖北省电力有限公司组织编写了本书。全书归纳了对标管理理论，结合国网湖北电力近年来的对标案例，系统阐述了对标工作机制、指标体系以及过程管控流程，提炼了对标典型经验，梳理了对标常用工具，介绍了对标管理信息系统，展望了国际对标及其发展。

该书可作为企业管理人员和专业人员的管理培训教材，也可作为大专院校管理专业参考教材。

图书在版编目（CIP）数据

电网企业对标管理/朱伟，张承彪主编；国网湖北省电力有限公司组编. —北京：中国电力出版社，2020.7
ISBN 978-7-5198-4525-4

Ⅰ.①电… Ⅱ.①朱…②张…③国… Ⅲ.①电力工业–工业企业管理–标准化管理–中国 Ⅳ.①F426.61

中国版本图书馆 CIP 数据核字（2020）第 051343 号

出版发行：中国电力出版社
地　　址：北京市东城区北京站西街 19 号（邮政编码 100005）
网　　址：http://www.cepp.sgcc.com.cn
责任编辑：唐　玲（010-63412722）
责任校对：黄　蓓　朱丽芳
装帧设计：张俊霞
责任印制：钱兴根

印　　刷：北京博海升彩色印刷有限公司
版　　次：2020 年 7 月第一版
印　　次：2020 年 7 月北京第一次印刷
开　　本：710 毫米×1000 毫米　16 开本
印　　张：15.75
字　　数：183 千字
定　　价：75.00 元

编　委　会

主　　编　朱　伟　　张承彪

编写人员　陈秋红　　肖思昌　　谭　文

　　　　　李萍芳　　吕　伟　　阳　维

　　　　　黄　燕　　陈义强　　刘　锟

序言一

作为关系国民经济命脉和国家能源安全的特大型国有重点骨干企业，国家电网有限公司以深邃的历史眼光、高远的目标站位和强烈的使命担当，瞄准世界一流标准，持续优化企业管控模式，完善现代企业管理体制机制，提升企业治理体系和治理能力现代化水平。

国网湖北省电力有限公司（以下简称"国网湖北电力"）以习近平新时代中国特色社会主义思想为指导，贯彻落实党中央决策部署和国家电网有限公司各项要求，以科学战略为引领，以改革创新为动力，以对标提升为抓手，推动公司高质量发展。特别是在对标提升中，不断健全现代企业管理制度，加快推进电网、业务、管理、服务转型升级，充分发挥制度优势，全面提升公司治理效能。

时代是思想之母，实践是理论之源。近年来，国网湖北电力适应改革发展需要，在对标管理中深入贯彻新发展理念，不断完善对标管理制度，优化对标方式方法，形成一套具有湖北电网特色的企业对标管理体系，牵引和推动公司业绩和管理水平持续提升，为现代企业治理体系和治理能力提升贡献了"湖北智慧"，彰显了"国网担当"。

本书是国网湖北电力近年来对标管理制度化的最新成果。

全书系统总结了公司对标管理工作经验，以对标实践为案例，介绍了对标全过程管理的方式方法，同时结合建设世界一流示范企业新要求，对完善信息化手段、推进国际对标等进行了重点阐述。希望本书的编纂发行，能引导各级企业管理人员加强学习，在理论与实践的循环提升中，更好地补短板、强弱项，推动公司在新的发展坐标上加快建设具有中国特色国际领先的能源互联网企业。

国网湖北省电力有限公司

董事长、党委书记

2020 年 5 月

未来的企业竞争是全球的竞争，开展对标管理，学习世界先进的管理理念和管理方法，科学研判，精准施策，推进企业综合竞争力处于全球同行业最先进水平，是实现国际领先的重要管理方法。

要深刻认识企业开展对标管理的重要性。由于市场竞争日益激烈，企业加快转变发展方式，增强市场竞争能力的任务尤为艰巨和迫切。要创新发展理念，以国内外先进企业为标杆，找差距、补短板、强弱项，创造最佳管理实践，进而持续提升企业质效和竞争力。

要深刻认识建立对标长效机制的重要性。企业要建立对标长效机制，推动企业加快转型升级，提升企业管理水平，提高发展质量效益。企业应根据发展状况及对标的不同阶段，动态调整和完善指标体系，使对标管理逐步覆盖各项业务和管理流程。

要深刻认识把控企业关键指标的重要性。要查找制约企业发展的短板，明确重点，通过精准投资，增大销售，降低成本等措施，才能真正提升关键指标。

要深刻认识立标、追标、达标和创标四个阶段全过程管控的重要性。抓立标，就是选择业内适合本企业的优秀企业作为标杆，即强化事前管控。根据标杆特点，科学制定对标管理方案，针对性地设置本企业的指标体系。抓追标，就是对照标杆，寻找短板和差距，研究改进方法，探索达到或超越标杆水平的方法与途径，即强化过程管控。抓达标，就是在实践中达到标杆水平或实现对标目标，即强化事后管控。抓创标，就是企业超越选定的标杆对象，形成更先进的实践方法，直至成为行业标杆。

实践证明，提高对标管理的认识，持续开展"立标、追标、达标、创标"四个阶段的对标管理，是实现企业硬实力和软实力双提升的重要途径，也是实现国际领先的重要管理方法。对标管理，值得我们每个管理者去不断学习和实践。

国网湖北省电力有限公司

董事、总经理、党委副书记

2020 年 5 月

目　录 Contents

序言一

序言二

第一章　对标管理概论 ··· **1**

　第一节　对标管理的简介 ··· 1

　第二节　对标管理的作用 ··· 4

　第三节　内部对标和外部对标 ····································· 8

　第四节　电网企业对标管理历程 ································· 11

第二章　对标工作体系 ··· **14**

　第一节　组织体系建设 ··· 14

　第二节　制度流程建设 ··· 17

　第三节　人才队伍建设 ··· 25

第三章　对标指标体系及目标制定 ······························· **31**

　第一节　指标体系构建 ··· 31

第二节　指标目标制定及措施 ……………………………… 40

第三节　指标因子分解及责任权重确定 ……………………… 50

第四章　对标常用工具 …………………………………… 56

第一节　指标评价工具 ……………………………………… 56

第二节　诊断分析工具 ……………………………………… 67

第五章　对标评价及结果应用 …………………………… 78

第一节　指标类型 …………………………………………… 78

第二节　得分计算 …………………………………………… 80

第三节　评价结果应用 ……………………………………… 102

第六章　对标诊断分析及改进提升 ……………………… 106

第一节　诊断分析流程 ……………………………………… 106

第二节　月度指标预警 ……………………………………… 111

第三节　季度和年度诊断分析 ……………………………… 115

第四节　灵敏度分析 ………………………………………… 127

第五节　专业协同改进提升 ………………………………… 131

第六节　诊断分析工具应用 ………………………………… 136

第七章　对标典型经验　·······················**143**

第一节　典型经验培育·························143

第二节　典型经验提炼·························148

第三节　典型经验评审·························150

第四节　典型经验推广·························154

第八章　对标管理信息系统　·············**158**

第一节　对标管理信息系统建设原则和作用·········158

第二节　对标管理信息系统主要模块及功能·········161

第三节　对标管理信息系统应用成效·············171

第九章　国际对标　·······················**174**

第一节　世界一流企业管理要素及管理方法·········174

第二节　国际对标实施要点·····················179

第三节　国际对标主要做法·····················181

第四节　国际对标主要项目及案例···············186

附录 A　某地市供电公司上半年对标分析报告·········**194**

附录 B　某地市供电公司年度对标竞争力分析报告·········**211**

附录 C　典型经验案例 ·· **222**

案例 1　某地市供电公司构建"五位一体"对标管理体系，
　　　　助推企业管理登高 ·· 222

案例 2　某地市供电公司开展"三级对标"，提升对标管理
　　　　支撑力度 ·· 227

案例 3　大数据挖掘与对标管理深度融合 ························· 230

参考文献 ··· **237**

第一章

对标管理概论

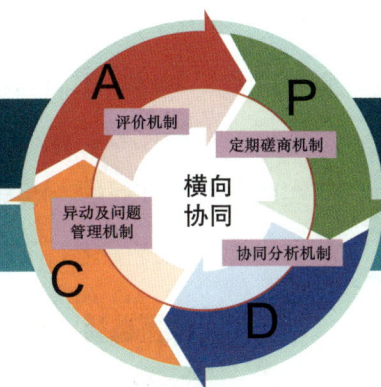

评价机制

定期磋商机制

异动及问题
管理机制

横向
协同

协同分析机制

A

P

C

D

第一节　对标管理的简介

一、对标管理的定义

对标管理由美国施乐公司于 1979 年首创，被视为企业管理活动中支持企业不断改进和获得竞争优势的最重要的管理方式之一，管理学界将对标管理与企业再造、战略联盟并称为 20 世纪三大管理方法。

对标管理是指企业以行业内外的一流企业作为标杆，从各个方面与标杆企业进行比较、分析、判断，通过学习他人的先进经验来改善自身的不足，从而赶超标杆企业，不断追求优秀业绩的良性循环过程。

所谓"对标"就是对比标杆找差距。推行对标管理，就是要把企业的目光紧紧盯住业界最高水平，明确自身与业界最佳的差距，从而指明工作的总体方向。标杆除了是业界的最高水平以外，还可以将企业自身的最高水平作为内部标杆，通过与自身相比较，不断超越自我，更有效地推动企业向业界最高水平靠齐。

对标管理的实质是企业在明确产品、服务或流程方面的最高标准，然后做出必要的改进来达到这些标准。开展对标管理是一个从现状分析、选定标杆、对标比较、最佳实践到持续改进的闭环过程，其本质上是一种面向实践、面向过程的，以方法为主的管理方式，它与流程再造的思路类似，基本思想是系统优化，不断完善和持续改进。

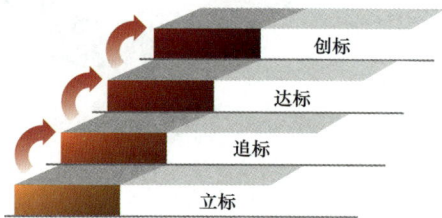

图 1-1　对标管理的四个阶段

对标管理包括立标、追标、达标和创标四个阶段（见图 1-1）。

立标，就是选择业内适合本企业的优秀企业作为标杆，即事前管控。

追标，就是对照标杆，寻找短板和差距，研究改进方法，探索达到或超越标杆水平的方法与途径，即过程管控。达标，就是在实践中达到标杆水平或实现对标目标，即事后管控。创标，就是企业超越选定的标杆对象，形成更先进的实践方法，直至成为行业标杆。

通过持续开展立标、追标、达标和创标四个阶段的对标管理，实现企业硬实力和软实力的双提升。

二、对标管理的发展历程

对标管理历经了四代演变，到现在已经发展成熟到第五代，达到了借助互联网获取的数据资料进行国际对标的水平。追溯对标管理的历史背景，能更好地理解它是如何提高管理水平的。

（一）第一阶段——竞争性产品分析和逆向工程实施

第一阶段对标属于"天生的好奇心及其自然延展"。即使全凭自己双手完成单件产品的制作，知道每件产品都有其独一无二之处的手工匠人，也会忍不住把自己的制成品与别人的进行比较，看看同行中谁的东西才是"好中最好"。

"好中最好"的概念用日语词汇来描述就是"dantotsu"，富士、施乐公司用这个词来形容最佳工作方法的追求目标。逆向工程通过拆解分析，来了解有竞争力的产品是怎样设计的，产品所用的材料是什么，生产中采用了哪些技术，这属于第一阶段对标。另一种做法是进行竞争力产品分析：从市场出发，比较顾客对产品特性和功能的感知；从技术出发，比较产品相对标准的表现。

（二）第二阶段——非正式考察及过程浏览

第二阶段对标的标志是运用了实地考察、交流座谈等传统管理手段。在此阶段明确了对标的三个阶段：研究对象确立、标杆绩效测量、同类标杆比较。

（三）第三阶段——竞争力对标

这一阶段对标的标志是采用科学方法进行比较。竞争力对标开始是从竞争力情报和市场研究延伸过来的，致力于找到竞争对手所采取的具体措施，通过战略抉择及对产品和过程的投入，获得市场优势。因为竞争是自由市场的决定要素，所以在策划经营战略过程中，这类对标是每个企业组合工具中必不可少的一部分。

（四）第四阶段——全过程对标

全过程对标根据需要，其侧重点既可以是战略型的，也可以是操作型的。全过程对标有助于改进战略方向，提高运营绩效，是帮助企业思考如何创造性地设计并实施、改进业务过程的新方法。有了可靠的统计数据分析，识别最佳工作方法和融合企业文化，从而帮助企业更加有效地"学习"和"实施"业务过程改进。

（五）第五阶段——国际对标

国际对标与全过程对标采用同样的方法，结合数字比对技术，利用互联网等手段收集绩效信息，确认潜在的标杆对象，并在对标中互相交流分享学习成果。

三、对标管理的原则

（一）全面对标原则

在对标范围上，要实现与同类型企业对标比较；在对标内容上，要实现指标标准、管理标准、管理手段与方式的对标比较，逐渐覆盖企业各项管理和业务。通过对标，明确指标管理有效性、科学性上的差距，确定改进方向，完善各项措施和标准，不断提高经营业绩和管理水平。在对标中，既要比管理手段，更要比管理流程；通过管理手段、方法的比较，优化流程，强化专业化管理和集约化经营，实现管理创新和机制创新。

（二）动态比较原则

按动态比较的管理模式，不断确定最优指标，确保标杆的先进性。对标既要比结果性指标，又要比过程性指标，立足于过程控制来保证结果指标的先进性。

（三）持续改进原则

对标管理不断完善管理标准和指标体系，不断创新流程管理、过程控制和管理手段，实现对标工作的闭环管理，不断确定新的标杆与评估差异，通过检验各项保障手段和管理措施的适应性和有效性，使组织业绩不断改进提高。

第二节　对标管理的作用

一、对标是绩效持续改善的杠杆

企业管理的目的是提升企业绩效，而对标管理与其他管理工具最大的不同是强调持续改善的理念。企业想要通过对标管理来提升绩效、追求卓越，必须认识到追求完美的过程永无止境，应将对标对象视为一个移动的标靶，使对标成为一个持续的过程。

当企业成功地完成了一次对标管理活动，并取得丰硕成果时，继续选择其他的学习主题和对象，进行下一次对标管理活动，企业绩效就能够更上一层楼。持续进行最佳实践的研究还有助于企业了解最先进的科技信息、作业技术及管理手段。

（一）对标管理是企业业绩提升的工具

对标管理通过设定目标来改进和提高企业的经营业绩。目标有明确的含义和达到的途径，使企业坚信绩效能提高到更高水平。而且，对标管理也是一种辨识最佳企业实践并进行学习的过程，通过辨识行业内外最佳企业的业绩及实践，企业可以对其进行评估，同时制定相应的改善措施。

（二）对标管理是企业持续改进的工具

对标管理可以帮助企业节省开支或增大投资效益，为企业建立一种动态测量各部门投入和产出的现状及目标体系，达到持续改进薄弱环节的目的。通过对各类标杆企业的比较，不断追踪外部环境的发展变化，更好地满足用户的需要。

（三）对标管理是衡量企业工作优劣的工具

对标管理已经在世界范围内全面开展，不同企业的管理者相互交流管理方法及经验教训，形成知识网络，通过对企业产品、服务及工作流程的比较，明确自身管理的优势及不足，制定企业未来的发展战略。

二、对标是创造竞争性优势的有效手段

对标管理本身所代表的是一个追求卓越的过程。企业可以通过调查，

把自己的工作方式与标杆企业的做法来进行比较，分析哪些做法可以运用于自身企业。对标管理可以使企业具有与开放的市场相适应的视野，时刻提醒企业要以"世界一流企业"作为追赶目标，并脚踏实地、持续不断地学习和改进。只有这样，企业才能在新的、开放的竞争环境中得到发展。

（一）帮助企业进行战略定位

通过对标管理，企业可以选择标杆，确定企业中长期发展战略，并与竞争对手对比分析，制定战略实施计划，并选择相应的策略与措施。企业要建立竞争优势，首先必须进行战略规划，了解竞争形势，搜集充分的信息，做好对标管理。

（二）有利于形成企业自己的核心能力

企业发展的关键在于为顾客创造价值的能力，对标管理有助于企业强化自身的资源基础，发展本身的核心能力。因为对标管理的重点不仅在于了解标杆企业的经营业绩比自己好多少，更重要的是要学习产生这些结果的过程，了解这些产品或服务是如何被设计、制造或提供的，优秀的业绩是如何产生的。通过对这些生成最佳产品、带来最佳效果的作业方式进行彻底的分析、消化和吸收，应用到自己的企业中，适当改善，发展出一套独特的做法与技术，生成比标杆企业更优秀的作业方式，形成自己独有的核心能力，为企业创造竞争优势。

（三）成功实现流程再造

传统的竞争强调的是结果或产品的优劣评比，而对标管理则是着重分析制造产品或提供服务的流程，并针对此流程的弱项进行强化。对标管理强调的是追根溯源，深度思考在作业流程中造成产品或服务品质有差距的原因，重新设计流程以弥补差距，将比较的重心放在提供产品或服务背后的作业方式、工作流程上。

（四）将企业转变成学习型企业

企业的学习能力是未来环境发生变化时生存的关键，对标管理的本质是学习，它强调到外界学习新事物，并且将新观念带进企业内来刺激企业的变革，经过不断地、动态地向优秀的企业学习，在潜移默化之中完成学习型企业的转变，增进企业学习能力，以激发企业经营的创意。实施对标管理后，有助于企业发现在产品、服务、生产流程以及管理模式方面存在哪些不足，并学习标杆企业的成功之处，再结合实际将其充分运用到自己的企业中。而且，这种过程是一种持续往复的过程，因为企业所在的竞争环境持续改变、标杆企业不断升级与更新、企业业务范围和企业的规模在不断变化。如果全体员工都将对标管理视为日常工作的一部分，主动进行对标，则能使企业持续提升。开展对标管理活动能为企业带来诸多好处，员工在实施对标管理前后的态度发生了明显的改变，见表1-1。

表1-1　　　　　　　　　员工在实施对标管理前后的态度

实施对标管理之前	实施对标管理之后
这没什么新花样	让我们试试这种新思想
每一个问题只有一种答案	每一个问题都有许多不同的解决办法
关注组织内部	关注组织外部
基于历史业绩的目标制定方法	基于可能达到的最佳业绩水平制定目标
对市场理解不透彻	洞悉市场及其变化
内部优先	关注顾客

实施对标管理之前	实施对标管理之后
被动反应式的改进	前瞻性的绩效改进
关注问题	关注环境与机会
以自我为中心	以行业最佳实践为动力
选择阻力最小化的路径	基于价值最大化原则
我们是最好的	我们应该变得更好
凭经验和直觉进行管理	以事实为基准的管理
行业追随策略	担当行业领袖的角色

第三节　内部对标和外部对标

一、内部对标管理

内部对标管理是各种对标管理活动的起点，是探索对标管理运作流程的重要举措，是培训成员掌握对标管理的有效方法。

内部对标管理流程包括：

（1）对组织内部处于不同地域的业务单元进行考察，了解它们各自所从事的业务是否相同或相近。

（2）对观察到的各个业务单元的经营管理情况进行分析比较，以确定最佳管理实践。这种形式的对标管理活动最容易实施，因而内部对标管理几乎成为其他各种对标管理活动的前提条件和必备步骤。

（3）内部对标管理可以使某一业务单元从其他业务单元借用有经验的人员来帮助和指导自己。

内部对标管理在企业内部开展，可以是企业内生产经营指标的不断超越，也可以是将企业内部工作绩效更优的某一部门的做法当作其他部门学习标杆的对标方式。

企业内部对标研究的目的在于发现不同部门之间涉及产品品质、获利能力、满足顾客需要能力等经营关键因素的不同点，并进一步分析需要与外部企业进行比较的内容。

内部对标的最大优点在于企业内部对标资料和信息易于取得，不存在资料转换问题，无须考虑涉及商业机密问题，在专业化程序较高的企业内，可以促进部门间的沟通。

二、外部对标管理

外部对标管理又称竞争对标管理。外部对标是指企业对竞争对手的产品、服务、流程等进行详尽的分析，从而实现企业自身产品与服务改进的对标方式。

外部对标主要是将竞争对手的产品、服务及工作流程与企业自身比较，主要专注彼此间的差距。对标管理作为一种竞争策略工具，任何与企业运营有关的重要项目，只要是可以与竞争对手比较的，都可以进行标杆研究。

外部对标的优点是企业本身与竞争对手的做法具有可比性，将目标企业的流程运用到本企业时也比较容易。企业可通过双方互惠的方式，达成信息搜集的目的，也可以通过行业协会等组织来获取信息，或者委托专业管理公司进行调查。

企业需要对竞争对手的产品与服务进行全面、认真、细致的分析，寻找竞争对手产品与服务的优势和劣势，从而寻求企业自身的产品和服务的绩效改进之处。

外部对标管理按行业内外细分又可分为以下三种情况。

（一）行业内对标管理

行业内对标管理是指与行业内优秀的企业相应项目进行对标，采用行业内对标管理法的企业应熟练掌握对标管理的基本原理与操作方法。

（二）跨行业对标管理

跨行业对标管理指与不相关的企业就某个工作程序进行对标，是将非相关行业也纳入对标管理的范围。事实上，企业中的许多业务流程，如库存管理、供应商管理、客户管理、广告管理等，在不同的行业中都是相似的，对这些流程实施对标，尤其是在不同的行业对同一项目实施对标管理时，对企业的参考价值更大。

（三）国际对标管理

国际对标管理分以下三种情况进行。

一是外国竞争者对公司的传统优势市场形成威胁。相对于全球竞争对手自己已处于明显不利的位置。这时就需要进行对标管理，迅速找出问题所在，实施防御或攻击战略。

二是要进入新的外国市场或新产业。通过对标管理了解最成功的公司是怎样进入某一外国市场或产业的，以及进入新市场的困难与问题。

三是公司与几家外国公司和国内公司的竞争陷入僵持状态。通过对标管理，从竞争者和最好企业的经营管理中获得思路和经验，冲出竞争者包围，超越竞争对手。

第四节　电网企业对标管理历程

公司（本书"公司"如无特别说明，特指国网湖北省电力有限公司）不断丰富对标管理的内涵和形式，创新对标方法，十多年来，对标管理经历了多阶段的演变历程。

一、启动阶段（2005—2007 年）

2005 年，明确公司对标指导思想、总体要求和基本原则；大力宣贯对标管理理念；初步建立以指标体系、评价体系和管理控制体系为核心的对标体系；发布对标指标数据，树立标杆单位，公司对标工作全面启动。公司印发了对标工作指导意见、对标指标体系和管理办法，公布了指标综合排名，发布指标数据和标杆单位，制定并颁布了对标典型经验库管理办法，明确典型经验的申报程序、评审过程和发布程序等，开展典型经验的总结与提炼，构建公司各层面的典型经验库，基本形成对标常态工作机制；开展典型经验转化工作，实现从指标对标到提炼典型经验、实施管理改进的闭环管理。

2006 年，发布了对标典型经验名单，深化指标诊断分析工作，开展地市供电公司对标和县供电公司对标。建设了对标管理信息系统，并在公司各部门、地市供电公司、县供电公司推广使用。

2007 年，初步形成了一套对标机制和完善的对标流程。公司对标工作全面推进。

二、推进阶段（2008—2012年）

2008–2009年，优化对标指标体系，完善过程管控。

2009年7月，在持续完善公司对标平台的基础上，制定了对标工作管理办法，强化对标指标分析诊断，落实管理改进措施，使对标工作既有结果排名，又指出薄弱环节，指明工作改进的方向。对标工作进入全面深化阶段。

2012年，创新对标指标体系，将业绩与管理、结果与过程指标分类，构建"业绩评价+管理评价"对标指标体系，突出战略导向，更好地反映各单位经营发展的实际成果、管理执行力和努力程度。

三、完善阶段（2013—2015年）

2013年，引入"基础评价+业绩评价+管理评价"三维对标模型，进一步精简指标设置，优化评价方法，完善工作机制，增强对标科学性和可比性，增强对不同经济发展水平地区的激励作用。

2015年，优化完善指标体系，完善公司对标管理信息系统，将地市供电公司经研所、信通分公司纳入对标平台，组织专业机构对标，开展对比分析，学习借鉴先进经验，提升管理水平。

四、深化阶段（2016—2018年）

2016—2018年，继续优化、完善指标体系，提出对标管理以电网业务为主，实现对标的全面开展。对标体系仍然采用"基础评价+业绩评价+管理评价"三维对标模型，将业绩对标和管理对标的权重分配从 450:550 调整为 300:700。在评价过程中引入"与自身比"，即采用"与标杆比"和"与自身比"两个维度来开展对标评价。

五、优化阶段（2019 年至今）

2019 年，按照世界一流企业建设目标，积极推进国际对标，特别注重"突出精益，精准对标"，一是提高电网精益管理水平，实现精准投入、提高产出；二是突出"以人为本"，充分发挥人力资源价值，提高人员投入产出效率；三是更好地适应电力市场化改革要求，增强市场竞争能力，提高服务质量和市场响应速度；四是适应能源变革要求，服务能源互联网、新能源发展。

2020 年，公司紧紧围绕建设具有中国特色国际领先的能源互联网企业战略目标，对照世界一流示范企业关键指标，开展国际对标，推动公司硬实力和软实力的同步提高，为公司实现战略目标提供有力保障。

创标

达标

追标

立标

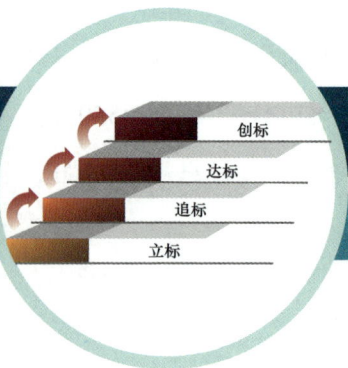

对标工作体系是指对标管理各个责任主体、各个管理环节相互联系、相辅相成的总体。完善的对标管理体系是确保对标管理工作规范有效运转的制度保证，其核心内容包括组织体系建设、制度流程建设和人才队伍建设三个部分。

第一节　组织体系建设

完善的组织体系是做好对标工作的前提，应实行统一领导、分级管理、归口统筹、专业负责的管理模式。各层级人员明确职责，形成横向管理协同、纵向业务贯通的组织体系，充分调动各层级员工的积极性，树立对标理念，营造全员对标工作氛围，逐步形成对标文化，夯实对标基础。

电网企业应逐级建立对标管理组织体系。一是要在公司成立对标领导小组和办公室，明确各职能部门之间的职责分工，健全完善联络机制；二是要在每个责任部门确定负责人和联系人，统筹协调该部门对标相关工作；三是要在参与对标的基层单位明确对标管理部门，形成责任层层落实的多级组织体系，见图2-1。

一、对标领导小组

对标领导小组负责对标工作领导决策，主要职责是确定年度对标工作总体目标，审批对标指标体系和管理方案，定期组织召开对标工作会议，督办考核弱势指标，审批年度考核费用。

领导小组主要作用是决策对标战略，整合全体力量，合理调配资源，对指标管控形成强有力的支撑。

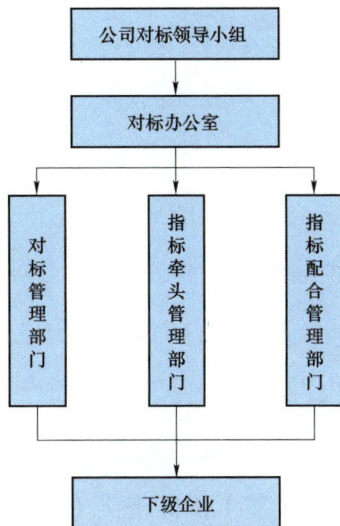

图 2-1　对标组织体系

二、对标办公室

对标办公室负责具体对标工作，主要由对标管理部门、指标牵头管理部门、指标配合管理部门三部分组成。

（一）对标管理部门

对标管理部门是对标工作的执行主体，主要职责是负责组织编制并宣贯培训对标管理方案，定期开展对标评价，制订激励方案报公司对标领导小组审批。

对标管理部门可以根据电网企业实际情况确定，设置方案有以下几种方式。

（1）对标管理部门设置在综合管理部门，例如企协分会。主要目的是提高协调控制能力，能较好地督导指标提升措施的落实。适用于专业分工较细，跨专业沟通难度大的大中型电网企业。

（2）对标管理部门设置在数据管理部门，例如发展部、互联网部等。主要目的是能更准确地掌握指标数据，方便过程监测，判断弱势成因，更科学地制定整改措施。适用于数据质量优良，监测手段丰富的电网企业。

（3）对标管理部门设置在绩效考核部门，例如人资部。主要目的是能更准确地进行岗位责任分配，指标责任体系更趋完善；能制订合理的激励和考核手段，实施过程考核更为便捷，激励效果更为突出。

（二）指标牵头（配合）管理部门

指标牵头及配合管理部门是对标分项指标的实际管控部门，其主要职能是负责本部门责任指标的目标制定、过程管控和内部激励，负责制订部门内部对标激励方案。

由于考核指标设置的不同，指标牵头管理部门的选取一般与上级企业指标考核数据发布部门一致。对于综合性指标，如"营业收入增长率"，指标需要较多部门配合完成的，不仅要确定牵头管理部门，还应设置配合管理部门，协助牵头管理部门完成指标管控。设置指标责任制时，由多个部门共同负责的指标应分别设置责任权重，牵头管理部门权重一般不小于30%。

三、下级企业

下级企业是对标指标数据产生源，也是对标提升措施的具体执行者。

对于电网企业而言，其下级企业一般分为综合管理公司（地市供电公司）和专业管理公司（检修公司等）。在实施内部对标时，综合管理公司指标考核较为全面，对标组织机构与上级公司相似。专业管理公司指标考核仅是全部指标体系的一部分，应在综合管理部门设置对标专责，开展本单位的对标工作。

对于不同性质的地市级供电企业，对标组织机构的设置应根据本单位实际情况灵活设置，综合性管理公司和专业性管理公司分别设置对标指标，分别开展对标评价。

第二节　制度流程建设

在对标工作中，制度与流程是确保各项工作有序开展的必要保障。需要以文件形式确定对标工作原则、评价方法等制度，并定期修订，指导工作有序开展。

一、工作制度建设

工作制度是确保各项对标管理工作有序开展的重要依据和必要保障。各级单位和专业部门均要建立必要的对标管理制度标准及相关规定、方案，以确保各项工作开展有据可依、有章可循，主要有以下几个方面。

（一）对标管理办法

对标管理办法是电网企业对标工作的纲领性文件，主要包含以下几个部分。

一是结合企业战略确定对标工作基本原则，明确对标工作开展方式，明确组织分工及各部门和单位的职责，明确对标评价周期和发布形式，明确企业对标整体目标及分项目标的设置原则以及其他原则性问题。

二是结合上级对标指标体系和管理办法确定本单位内部指标评价方式，确定标杆设置原则和否决条件，指标过程评价的方式和管控依据，明确协同工作机制和权重设置原则。

三是建立对标指标预警和管控机制，结合指标监测和完成情况，设置分级预警机制，确定指标分析提升方案，确定对标考核制度。

（二）对标管理方案

对标工作是激励创先争优，督促整改落实的重要手段，需要结合企业实际，建立健全对标责任体系，达到激励先进、促进后进的目的。主要包含以下几个部分。

一是考核原则，即在何种情况下给予激励，在何种情况下予以处罚。应用目标导向原则，即将指标完成情况与各项目标进行对比，对于优于目标的给予奖励，劣于目标的给予处罚。

二是考核方式，激励和惩罚的目的是实现指标的切实提升，所以考核方式需要慎重确定，需要遵循多劳多得、强调主观能动性的原则，在考核金额的设置上要适度适中，全面兼顾，并向对标指标的主要管控者倾斜。

过程考核主要目的是鞭策后进，督导指标管控措施的落实，提高整改措施的响应速度和效果。

综合考核应在年度对标评价结果发布后进行，应采用以鼓励为主的原则，依据各项指标的牵头部门和配合部门责任权重进行分配。主要目的是采用正向激励的方式，明确责任关系，达到横向联合的效果。

（三）指标评价体系方案

该方案的主要作用是明确各项指标的名称、权重、考核方式、评价周期、评价细则、数据来源以及归口管理部门。

指标体系的确立要和企业发展战略相结合，突出年度重点任务。指标设置要相对稳定，覆盖广泛。指标管理部门要相对平衡，工作量相对平均。

指标体系应结合企业内外部环境变化及时优化调整。指标数量控制在50～100 个，指标设置过多会显得重点不突出，管理水平提升困难；指标设置过少会难于达到工作量平衡，使得部分职能部门对标责任大大超过平均值，挫伤工作积极性，而工作量少的部门参与感不强，难于形成良好的工作氛围。

（四）对标目标管理方案

对标目标的确定是做好对标工作的另一个关键点，目标管理方案要确定原则及依据，综合考虑企业内外部客观环境，应用历史数据及预测算法确立目标，并辅助大数据工具及时进行修订。

对标目标分为长期目标和年度目标两个部分。

长期目标：在目前管理模式和技术条件下，紧密结合公司战略决策，实施管理提升的长期工作方向。需要指明公司在未来几年内整体排名的趋势变化。若发生管理模式的重大变革和技术迭代，或外部环境发生较大改变，则需要对长期目标进行调整。

年度目标：依据指标评价体系，给每个指标确定的完成值提升比率和排名任务的双重目标，并以此作为对标考核的依据。年度目标一般在企业年度工作会上确定并以文件形式下发，有条件的企业还应根据年度目标签订责任状，明确对标指标管控部门和责任岗位，完善对标责任制。

二、工作流程建设

在组织结构完善、工作制度确定、评价体系明确后，还要建立节点明确的对标工作流程，主要分为年度工作流程和指标管控工作流程两个方面。

（一）年度工作流程

对标工作是一项具有周期性和时效性的常态工作。将对标工作的每一步，用流程分配到全年各月重点工作中，制定详细的分月工作表，使对标工作步骤清晰全面，管控不留死角。

各月重点工作：

1 月发布上年度对标评价结果和标杆单位，总结上年度对标工作。

2 月收集对标评价对象的基础数据，评价上年度各单位所处的客观环境，确定基础评价排名。

3 月依据全年工作会精神，结合全年工作布置，开展指标体系修订和管理办法的修订工作；开展本年度第一次双月评价。

4 月开展第一季度指标评价，研究制订本年度指标提升工作方案。

5 月下发并宣贯各级指标体系和管理办法；开展本年度第二次双月评价。

6 月进行新版体系和对标提升措施的交流学习，收集本年度典型经验课题，开展对标典型经验撰写培训。

7 月开展半年度对标评价，跟踪督导上半年弱势指标整改措施落实情况。

8 月开展对标典型经验征集、初审工作。

9 月开展本年度第四次双月评价；开展对标典型经验公开评审。

10 月开展前三季度对标评价，努力冲刺全年目标。

11 月开展本年度第五次双月评价；发布年度对标典型经验评选结果，收集年度评价数据。

12 月开展年度对标评价，评选标杆单位。

（二）指标管控工作流程

指标管控流程是指在对标评价结果发布的前后，对于评价指标进行全面管控的事前、事中、事后三个工作流程，其主要目的是通过预控、分析、整改和反馈的闭环管理，实现指标的全过程管控。

1. 事前指标完成值预控

指标事前预控是指标管控的前置手段，主要分为以下几个步骤。

对标指标数据库的建立：根据指标定义及计算公式对指标进行拆分，将各级分项因素作为该指标的影响因子，将考核因子相同的指标进行聚类，收集整理每年各月的对标评价结果，根据指标数据索引，输入至历史数据库。

指标完成趋势判断：根据指标完成历史情况，利用数据分析工具，统计分析各项指标以及各板块（专业）的完成值历史趋势，并建立数学模型，从而推导指标完成值预测结果。

主要方式是在评价结果发布前，通过各专业系统穿透查询，获取可量化的考核指标及其各级因子的统计数据，形成监测报告。再通过与历史数据及公司排名情况对比，预测指标完成值及得分情况，经专业部门修订认可，剔除客观因素及突发事件的影响，即得到较为准确的指标预测值及提升措施，见表 2-1。

表 2-1　　　　　　　　　某专业评价预测及提升措施

序号	指标名称	预计完成值	预计段位	提升措施	目标
1	劳务派遣用工减员率	98.00%	B	目前减员任务完成了96%，确保在11月中旬之前能完成全年减员任务	确保A段
2	"三定"管理规范指数	100.50%	B	确保在考核期内不发生数据管理错误，并争取一篇及以上的通讯报道登上省部级刊物	力争A段
3	内部人力资源市场配置指数	106.60%	A	继续保持优势	确保A段
4	薪酬管理规范指数	54.34%	C	整改薪酬管理系统数据错误	力争B段
5	全员绩效管理规范指数	98.00%	B	确保年度绩效考核、员工年度绩效等级评定工作评价达到优秀	保持B段
6	福利保障管理规范指数	103.61%	B	确保四季度人员基础信息抽检工作得分全省第二，圆满完成四季度报表和年报准备的工作	保持B段
7	教育培训管理规范指数	100.20	B	加大培训力度，加快办班节奏，确保全年教育培训计划全面落实	力争A段

根据预测结果对完成值趋势下滑的指标，对专业部门进行事前指标预警。对预测完成值与目标相差较大的指标，通过横向联合机制组织各部门商讨制定整改措施，并通过评价结果监督检查整改措施的落实，做到指标的事前控制。

2. 事中指标诊断分析

指标事中控制应结合过程监测督办予以实现，是对指标事前预控的反应和完善，主要分为以下几个步骤。

分析指标整改情况：当期评价结果发布后，根据指标实际得分情况与年度目标的对比，以及上一考核周期完成情况，得到核心及弱势指标变化改进情况，形成当期弱势指标分布情况，见表2-2。

表 2-2 当期弱势指标分布情况

分类	参评指标个数	年度目标完成情况		专业排名	专业排名完成情况
		未完成指标数	未完成指标占比（%）		
业绩对标	43	7	16.28	7	未完成
其中：电网坚强	4	1	25.00	10	
资产优良	9	3	33.33	11	
服务优质	11	1	9.09	3	
业绩优秀	14	2	14.29	7	
现代公司	5	0	0.00	8	
管理对标	84	17	20.24	1	完成
其中：安全管理	6	3	50.00	4	完成
人资管理	7	1	14.29	4	完成
财务管理	4	1	25.00	8	未完成
物资管理	8	4	50.00	4	完成
规划管理	7	2	28.57	1	完成
建设管理	7	3	42.86	3	完成
运行管理	6	0	0.00	1	完成
检修管理	15	0	0.00	1	完成
营销管理	10	1	10.00	1	完成
配套保障	14	2	14.29	2	完成
合计	127	24	18.90	3	完成

整改措施制定：组织专业部门根据指标完成情况开展季度诊断工作，召开对标工作专题会。分析找到影响排名的专业和指标，明确下一个考核周期的管控要点，并向完成情况较差的部门发出预警通知，要求其查找原因，优化完善提升措施计划。

指标预警：比对指标完成值与年度目标，对于未完成目标的指标牵头部门进行分级预警。

专业预警：通过发布的各指标实际得分情况与年度目标对比，对未完成目标的指标牵头管理部门进行事中预警。

预测准确度判断：根据指标实际完成值与预测值的对比，判断预测准确度，修改预测数学公式。

3. 事后整改措施效果跟踪

弱势指标跟踪监测：根据下一个评价周期的指标完成值和得分，评价弱势指标整改措施的落实情况，将达到预期目标的指标移除重点关注指标库，见表2-3。

表2-3　　　　　　　　　指标整改情况

序号	指标名称	权重	上期完成值	本期完成值	上期段位	本期段位	提升情况
1	《安规》抽考评价指数	14.00	97.40%	97.60%	C 段	B 段	脱离弱势
2	作业安全风险管控工作评价指数	7.00	68.9%	68.8%	C 段	C 段	无变化
3	教育培训规范管理指数	7.00	98.29%	99.14%	E 段	C 段	段位提升
4	协议库存及电商化管理规范指标	7.00	93.43%	92.80%	D 段	D 段	无变化
5	集中采购规范指标	5.60	99.99%	100.00%	D 段	A 段	脱离弱势
6	仓储物流基础管理指数	10.50	92.00%	94.17%	C 段	C 段	无变化
7	物资质量工作完成指数	10.50	31.82%	93.14%	E 段	B 段	脱离弱势
8	建设任务与项目管理完成指标	14.00	94.10%	96.60%	C 段	B 段	脱离弱势
9	基建信息指标	7.00	99.90%	100.00%	D 段	A 段	脱离弱势
10	营销业务规范率	7.00	99.94%	99.52%	C 段	B 段	脱离弱势
11	智能用电管理成效	7.00	83.42%	95.10%	D 段	A 段	脱离弱势
12	信息化计划管理规范性	4.20	99.92%	100.31%	E 段	B 段	脱离弱势
13	网络与信息安全指数	5.60	100.00%	100.00%	C 段	C 段	无变化

续表

序号	指标名称	权重	上期完成值	本期完成值	上期段位	本期段位	提升情况
14	通信管理规范指数	4.20	95.13%	97.50%	D 段	C 段	段位提升
15	通信安全运行指数	4.20	95.63%	100%	C 段	A 段	脱离弱势

重点指标跟踪督导：对于提升需要多专业协同解决的重点难点指标，召开专题协调会，对其进行持续跟踪督导，缩短预测预控周期，加大效果跟踪评测的频率。

第三节　人才队伍建设

专业的人才队伍是确保对标工作有序开展的人力资源保障，电网企业应构建对标管理知识体系，制定常态化的培训时间表和培训计划，编制适应各级对标相关人员的培训教材，分梯队进行对标管理人才队伍的培养。其主要目的是通过专业培训，有效提升公司员工的对标专业素质，加强员工的对标专业知识储备和工作技能的培养，满足其岗位上相关工作的能力要求。同时形成文化理念，逐渐实现全员参与，使对标文化深入人心。还要通过建立持续化的人才培养管理机制，开发新课程、进行新技术培训，不断优化工作人员知识、技能结构，储备对标管理人才及战略人才。

一、对标知识体系的建设

在明确各级对标相关人员对应工作职责的基础上，构建适用各层级人员在对标具体工作中所需的知识体系，快速提升各级人员业务能力，实现人岗匹配，主要有以下几个方面。

（一）对标管理基础知识

主要是标杆理论、国内外企业的对标管理实践以及国家电网公司的对标管理等几个方面。涵盖标杆管理的内涵、发展历程、典型案例，国家电网公司的对标平台、指标体系、对标信息收集、指标评价、分析诊断、管理提升、配套保障等各个方面的内容。

作为对标工作的主要管理者，还应掌握的基础知识有：

数据处理与分析计算工具，涵盖 Excel、Access、Python 等流行的计算机软件工具。

数学统计与分析方法，涵盖数理统计、概率论等数学知识。

管理学基本原理，涵盖统筹学、管理激励理论等内容。

（二）对标指标体系知识

主要是指标体系定位及作用，指标体系构建的原则和构建步骤，指标分析的方法和手段等内容。

作为对标工作的主要管理者，除了要了解对标工作方面的业务知识外，还应了解对标指标考核所涉及的工作流程、主要匹配岗位、关键数据来源等其他专业的业务知识，方能将指标管控抓到实处。

（三）对标目标体系知识

主要是要掌握整体目标和多层级目标的制定方法。对标目标的制定具有多层级、多维度的特点，制定目标需要依托指标体系和公司战略，由上至下构建合理的目标体系。这需要目标制定的人员具有较强的统筹协调能力，首先需要根据历史成绩和客观环境（即基础评价成绩）制定整体目标，这需要有一定的数学统计知识；再次是要根据整体目标分配每个专业目标和每项指标目标，这需要有较强的沟通协调能力；最后是要把目标分解到基层单位，这需要对公司人员职责分工有较为明确的认识，这需要有一定的人资管理技能。

（四）对标运转保障体系知识

主要是诊断改进报告编写方法，评价结果展示工具的应用，典型经验的培育和提炼方法，指标评价方法和结果应用等内容。

二、各层级人员知识需求

（一）对标管理各层级人员分类

基于公司各层级人员在对标工作中的职责分工，将人员分为对标相关领导、对标专责、对标指标管控人员、基层班组对标人员，见表2-4。

表 2-4　　　　　　　　　　　对标管理各层级人员分类

人员层级	对应人员
对标相关领导	对标主管领导、归口管理职能部门领导、专业部门对标工作分管领导
对标专责	归口管理职能部门专责
对标指标管控人员	专业部门对标工作的相关人员、指标责任人、指标关联业务责任人
基层班组对标人员	对标相关班组长、指标关联业务责任人

（二）各层级人员知识掌握要求

为更好地开展对标工作，各层级人员需要掌握与职责相匹配的对标知识，各层级人员需要掌握的对标知识及要求如表2-5所示。

表 2-5　　　　　　　　各层级人员对标知识掌握程度要求

人员层级	对应人员对标知识掌握程度要求								
	基础理论		对标管理体系知识						
	对标基础理论	电网企业对标管理	指标体系构建	指标分析	目标体系	诊断分析	典型经验	对标评价	保障体系
对标相关领导	熟悉	熟悉	熟悉	熟悉	熟悉	熟悉	熟悉	熟悉	熟悉
对标专责	掌握	掌握	掌握	掌握	掌握	掌握	掌握	掌握	掌握
对标指标管控人员	掌握	掌握	掌握	掌握	掌握	掌握	掌握	熟悉	熟悉
基层班组对标人员	熟悉	熟悉	/	掌握	/	熟悉	/	/	/

熟悉是指对知识有系统性地认识，能够找到知识之间的联系，把点状的认识连成线，且可以运用相关知识解决部分实际问题。

掌握是指知识有全局性的认识，能在将各个知识点串成线的基础之上，认清整个知识网络，且可以在实际工作中自由运用、触类旁通、举一反三。

三、培训和人才成长机制

加强对标知识的培训工作，通过选取并设计系列培训教材，组织多样化的培训方式，制定详细的培训计划，选拔优秀的内外部培训讲师，构建完备、高效的培训管理体系。同时定期组织培训，形成对标管理人才专家库梯队，构建完备、高效的培训管理。

（一）培训教材和方式管理

结合对标管理各阶段工作要求，针对不同层级人员需求编制差异化、多层级、系列化的培训教材。教材包括专业书籍、课件、管理规范文件、视频文件等多种形式。培训形式分为集中培训和远程培训，集中培训主要采用讲师授课、现场辅导、专题座谈和交流研讨等形式；远程培训可应用微信、钉钉等工具，采用网络学习、论坛交流等形式开展。其中集中培训知识获取量大，效果较好，但时间较长，适用于对对标专责进行系统培训；远程培训方式灵活，可以充分利用碎片化的时间进行知识学习，远程交流互动也更为方便，但培训效果较难评估。两种培训方式应相互补充，以满足不同形式的培训需求。同时，培训教材要进行滚动修编，实行动态更新，确保教材的实用性和先进性。

（二）培训计划管理

应在预算范围内基于对标工作节奏和管理需求合理制定培训计划，其中应明确培训对象、培训内容、培训目标、培训方式等内容。培训计划的制定要以梳理培训需求为导向，确保培训的有效性。培训计划要选择合适的时机，方能达到更好的培训效果。如典型经验撰写培训应在典型经验提炼工作开始前组织，对标指标体系培训应在新体系发布后一个月内开展。培训计划还应考虑费用的限制，合理选择培训方式和培训地点，优先使用有经验的内部人员进行授课，确保资源的高效利用。

（三）人才选拔和考核管理

根据专业部门、各单位的推荐，结合对标培训的开展情况和对培训效果的评估，对公司对标管理人才进行梳理，建立公司各级对标管理人才库。将对标人力资源纳入重点资源进行管理，充分发挥对标管理人才在对标工作中的智力保障作用。

对标管理人才或掌握系统的对标知识、拥有丰富的对标实践经验、具有专项的特长，是公司开展对标工作的核心资源之一。对标管理人才应在以下几个方面提高和加强公司对标工作。

一是加强对标理论研究，为公司对标工作提供理论支持。

二是探讨适合公司的新模式、新方法，完善公司现行的对标管理体系，为公司对标管理的先进性、创新性、适用性提供理论支撑，促进公司对标实践的高效开展。

三是辅助公司开展专项改善，切实解决对标工作存在的问题。

四是针对专业部门、地市级供电企业在对标中存在的具体问题（如对标诊断、指标分析、典型经验等），通过咨询会、研讨会、现场辅导等多种形式提供技术支持，辅助改善。

指标体系是对标管理的重要组成部分，是开展对标评价和诊断分析工作的基础，科学构建指标体系是对标工作有效开展的前提，合理制定对标目标是对标工作高效开展的保障。

第一节　指标体系构建

指标体系是衡量各级企业经营业绩和管理水平的重要标准，以指标体系为基础，为各级企业开展诊断分析，查找管理差距，明确改进方向提供依据。

一、指标体系的定义

指标一般由指标名称和指标值两部分组成，它体现了事物规定性和数量规定性两个方面的特点，指标体系则是由若干个相互联系的指标组成的有机体，通过对管理对象进行评价，对工作进行导向和控制，使其不偏离原定的目标方向。

二、指标体系构建原则

指标体系的建立是进行预测或评价研究的前提和基础，它是将抽象的研究对象按照其属性和特征分解成为具有行为化、可操作化的结构，并对指标体系中每一指标赋予相应权重的过程。

指标体系的建立，要围绕企业战略目标、核心资源及核心业务，通过指标量化分析对比，助推企业管理提升和战略目标的实现。指标体系构建有以下四个原则。

（一）顶层设计原则

以企业发展战略和愿景为导向，以服务企业业绩和管理提升为重点，以企业总体最优为目标，开展对标指标的系统梳理和整体设计，确保指标体系框架科学、结构合理。

（二）协同一致原则

强化指标协同，确保指标间逻辑清晰、导向一致，各层级的指标体系间有机衔接。

（三）精简优化原则

突出重点流程、关键环节，反映核心业务特征，精简指标设置；明晰指标定义，简化计算方法。注重长期引导，保持指标相对稳定。

（四）持续完善原则

在保持指标体系结构相对稳定的基础上，根据企业工作重点和管理要求，对指标体系进行调整和完善。

三、指标体系构建方法

指标体系构建包括指标体系框架构建、指标遴选、指标权重设置等三个步骤，不同步骤涉及的方法不同。

（1）指标体系框架构建，一般有平衡计分卡、价值链、3S绩效考核、卓越绩效等方法。

（2）指标遴选应按上级公司的指标体系，结合企业战略目标或愿景、企业功能定位及核心业务活动，采用核心业务流程关键点提炼方法遴选确定指标。

（3）指标权重设置一般采用层次分析法或专家打分法。层次分析法是根据隶属关系把各因素排成若干层次，建立相邻两层各元素之间的关系，两两比较，找出相对重要性的次序，依据次序设置权重。专家打分法是根据专家经验对相应指标体系进行打分，确定指标权重。

四、指标体系构建内容

指标体系的构建包括体系框架、指标权重、指标内容三个方面的内容。

（一）指标体系框架

围绕企业战略目标，突出公司重点工作，充分激发各单位管理提升潜力。从业绩指标、管理指标和基础评价指标三个维度设置公司指标体系。其中"业绩指标评价+管理指标评价"构成本单位对标"综合评价"，基础评价指标作为本单位业绩排名是否达到发展基础相匹配指标水平的参考数据。

1. 业绩对标指标

为体现各单位经营发展实际成果，明确单位间差距，达到比学赶超的目的，围绕公司战略目标，在各地市供电公司中开展业绩对标。由于战略目标具有长期指导性，业绩对标指标总体保持稳定。

业绩对标指标包括电网坚强、资产优良、服务优质、业绩优秀和现代公司共五个类别。其中电网坚强类指标反映在电网结构、装备水平上的差异，资产优良类指标体现在资产效率和质量、发展效率上的差异，服务优质类指标体现在供电质量、客户服务上的差异，业绩优秀类指标体现在安全水平、人员效率、成本和效益、市场开拓上的差异，现代公司类指标体现在创新能力、社会责任上的差异。

2. 管理对标指标

管理指标以核心业务流程为基础，提取关键指标。为体现各单位管理执行力和努力程度，围绕公司核心资源和核心业务设置管理对标指标，从而达到优化管理流程、提升公司内部管理水平的目的。

管理对标指标包括安全管理、人资管理、财务管理、物资管理、规划管理、建设管理、运行管理、检修管理、营销管理、配套保障等十个专业。各专业指标的基本结构相互一致，具体指标可结合年度重点工作和管理要求，定期滚动修订。

采用差异化权重设置策略，设置指标总权重为 1000 分，其中业绩对标占 30%（300 分），管理对标占 70%（700 分）。首先应用层次分析法确定业绩对标五个类别的权重占比分别为 20%、20%、25%、25%、10%，管理对标十个专业的指标权重占比均为 10%（70 分）。然后运用专家打分法确定单个指标的权重，按照支撑上级公司指标权重加大、可量化评价指标权重加大等原则，采取定量与定性相结合的方式设置企业对标指标体系及权重分配，见图 3-1。

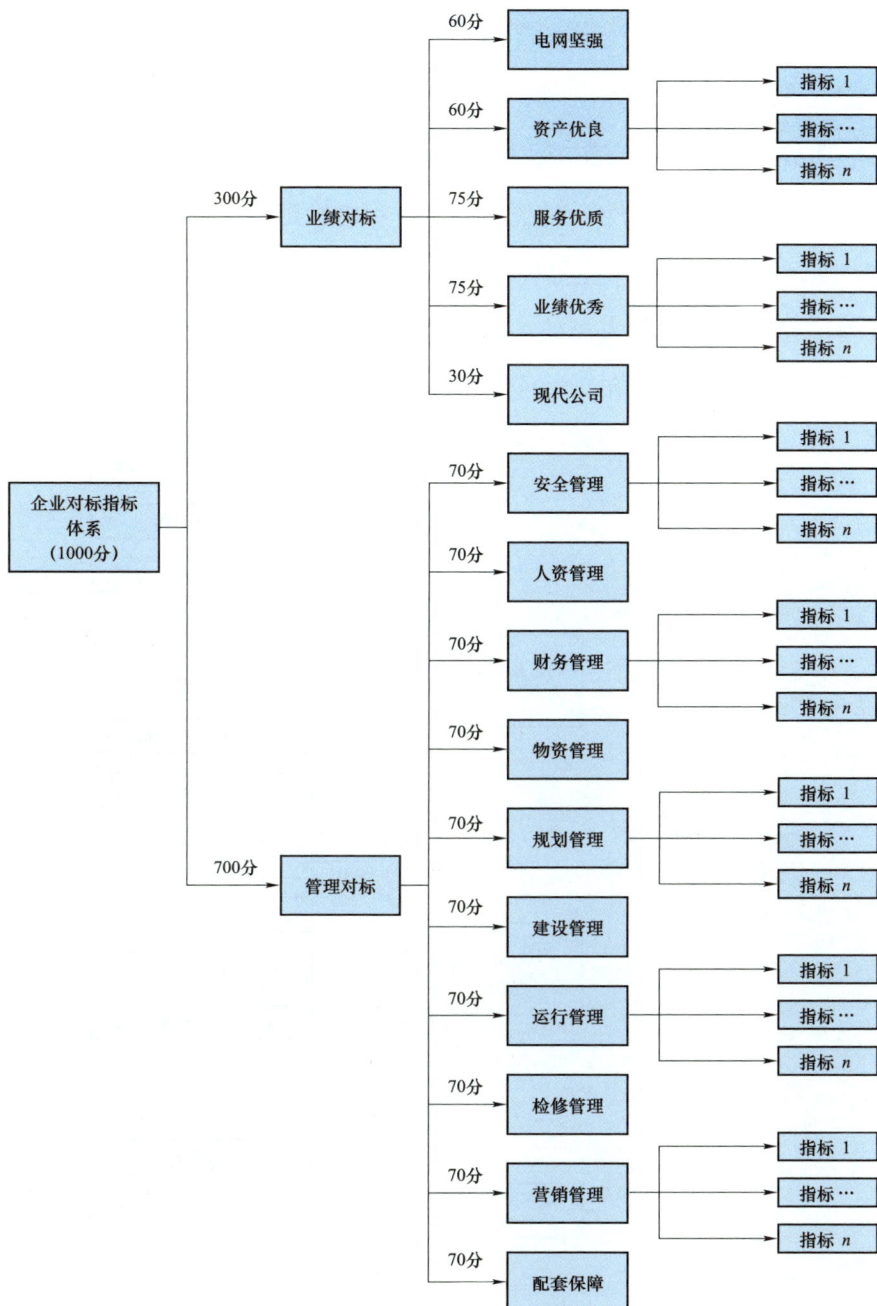

图 3-1　对标指标体系图

3. 基础评价指标

因客观因素对指标水平影响较大，应设置基础评价指标，分析各单位是否取得与其发展基础相匹配的指标水平，提高对标的科学性、可比性和激励作用。

基础评价指标包括地区经济发展水平、电价电量、服务环境三个方面。其中，地区经济发展水平指标体现各地市 GDP 增长水平；电价电量指标反映各单位在电价水平及人员效率等方面存在的主要差异；服务环境指标体现自然环境对电网建设和运维成本水平的客观影响，见图 3-2。

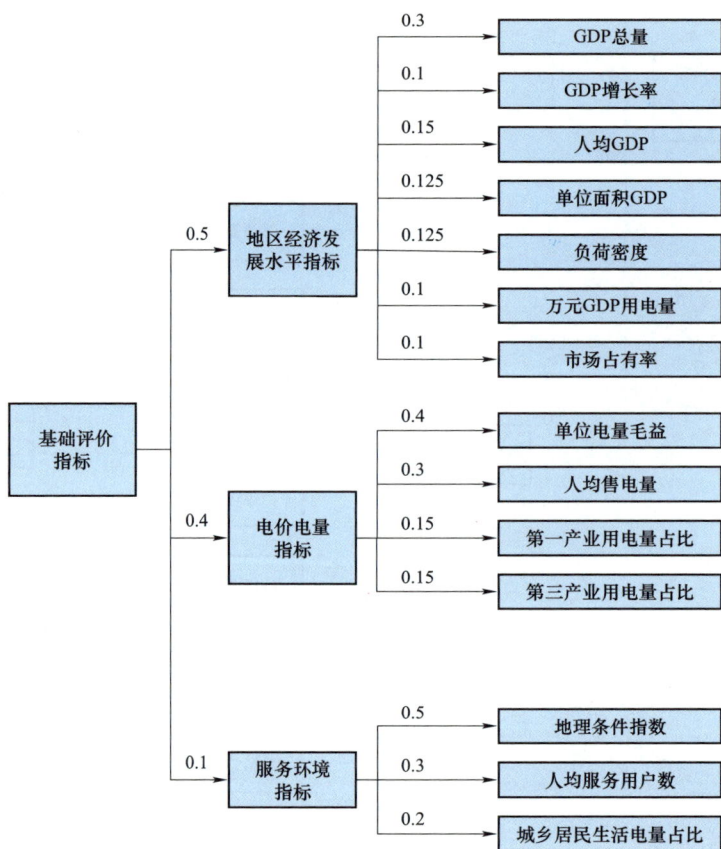

图 3-2 基础评价指标

（二）指标内容

按照"业绩对标+管理对标"指标维度，从对公司指标支撑、本单位工作重点、可量化评价等方面综合考虑，设置单个对标指标。单个指标内容包括指标名称、指标单位、数据精确度、发布周期、定义和计算方法、统计口径、评价方法等。通过对公司指标进一步分解，还可形成地市供电公司指标。

实例：指标定义及其在基层单位的承接

为确保电网安全运行，电力系统设计规程要求主变和线路满足 $N-1$ 原则。上级单位为评价各省级电网公司在电网 $N-1$ 通过率的情况，设置了企业"电网 $N-1$ 通过率"指标，如表 3-1 所示。

表 3-1　　　　　　　　公司"电网 $N-1$ 通过率"指标定义表

指标名称	电网 $N-1$ 通过率
指标单位	%
数据精确度	小数点后两位
发布周期	半年
指标定义和计算方法	1. 对于 330～750 千伏电网：（权重 0.4） 　　$N-1$ 通过率=（满足 $N-1$ 原则的元件数量÷总元件数量）×100% 2. 对于 220 千伏电网：（权重 0.2） 　　$N-1$ 通过率=（满足 $N-1$ 原则的元件数量÷总元件数量）×100% 3. 对于 35～110（66）千伏电网：（权重 0.2）计算 A+、A、B、C 类地区主变 $N-1$ 通过率和线路 $N-1$ 通过率。指标综合值依据各类地区的主变和线路在该省所占权重综合计算确定。 　　主变 $N-1$ 通过率=（满足 $N-1$ 原则的主变数÷总主变数）×100% 　　线路 $N-1$ 通过率=（满足 $N-1$ 原则的线路条数÷线路总条数）×100% 　计算所有通过 $N-1$ 校验元件的比例，反映 35～110（66）千伏电网中任一元件（主变、线路）停运，地市供电及下一级电网的转供能力。 4. 对于 10（20）千伏电网：（权重 0.2）计算 A+、A、B、C 类地区公用线路 $N-1$ 通过率。指标综合值依据各类地区的 10 千伏公用线路在该省所占权重综合计算确定。 　　$N-1$ 通过率=（满足 $N-1$ 原则的线路条数÷线路总条数）×100% 　满足 $N-1$ 的线路是指该配电线路采用多分段、多连接方式，当其中某一区段线路故障停运时，在隔离故障后，能够将完好部分的用户负荷向有连接的临近线路转移，达到恢复供电的目的

续表

指标定义和 计算方法	注： （1）各电压等级分别评价，将得分按权重相加。 （2）330～750千伏电网、220千伏电网、35～110（66）千伏电网、10（20）千伏电网权重分别为0.4、0.2、0.2、0.2。对于无220千伏电压等级的省份，将其权重调整到330～750千伏电压等级，即330～750千伏电压等级所占权重由0.4调整为0.6。 （3）《电力系统安全稳定导则》（DL755－2001）规定 $N-1$ 原则：正常运行方式下的电力系统中任一元件（如线路、变压器等）无故障或因故障断开，电力系统应能保持稳定运行和正常供电，其他元件不过负荷，电压和频率均在允许范围内
统计口径	A+、A、B、C类地区，具体定义参见《配电网规划设计导则》。 数据来源：上年度电网诊断报告、电网规划报告、各省上报数据
评价方法	对标指标分段评价： 1. 330～750千伏电网和220千伏电网 $N-1$ 通过率 A段：100%； B段：≥95%； C段：≥90%； D段：≥80%； E段：80%以下。 2. 35～110（66）千伏电网 $N-1$ 通过率 A+、A类地区，100%为A段，B、C、D、E段依次向下递减15%； B类地区，≥95%为A段，B、C、D、E段依次向下递减15%； C类地区，≥90%为A段，B、C、D、E段依次向下递减15%。 3. 10（20）千伏电网 $N-1$ 通过率 A+、A类地区，100%为A段，B、C、D、E段依次向下递减15%； B类地区，≥80%为A段，B、C、D、E段依次向下递减10%； C类地区，≥60%为A段，B、C、D、E段依次向下递减10%

对公司"电网 $N-1$ 通过率"指标进行因子拆分。其中，"35～110（66）千伏电网 $N-1$ 通过率""10（20）千伏电网 $N-1$ 通过率"2项因子与地市供电公司业务事项相关联；"330～750千伏 $N-1$ 通过率""220千伏电网 $N-1$ 通过率"2项因子的业务事项主要由公司专业部门直接管控，不在地市供电公司对标指标中体现。

通过指标影响因子拆分和指标业务事项关联分析，形成地市供电公司"110（10）千伏电网 $N-1$ 通过率"指标，见表3-2。

表 3−2　地市供电公司"110（10）千伏电网 *N*−1 通过率"指标定义表

指标名称	110（10）千伏电网 *N*−1 通过率
指标单位	%
数据精确度	小数点后两位
发布周期	半年
指标定义和 计算方法	对于 110 千伏电网： 计算 A+、A、B、C 类地区主变 *N*−1 通过率和线路 *N*−1 通过率。 　110 千伏电网 *N*−1 通过率=主变 *N*−1 通过率×50%+线路 *N*−1 通过率×50% 　　主变 *N*−1 通过率=（满足 *N*−1 原则的主变数÷总主变数）×100% 　　线路 *N*−1 通过率=（满足 *N*−1 原则的线路条数÷线路总条数）×100% 　计算所有通过 *N*−1 校验元件的比例，反映 110 千伏电网中任一元件（主变、线路）停运，地市供电及下一级电网的转供能力。 对于 10（20）千伏电网： 计算 A+、A、B、C 类地区公用线路 *N*−1 通过率。 　　*N*−1 通过率=（满足 *N*−1 原则的线路条数÷线路总条数）×100% 　满足 *N*−1 的线路是指该配电线路采用多分段、多连接方式，当其中某一区段线路故障停运时，在隔离故障后，能够将完好部分的用户负荷向有连接的临近线路转移，达到恢复供电的目的。 　注：（1）110、10（20）千伏电网权重分别为 0.5、0.5。各电压等级分别评价，将得分按权重相加。 　（2）《电力系统安全稳定导则》（DL755−2001）规定 *N*−1 原则：正常运行方式下的电力系统中任一元件（如线路、变压器等）无故障或因故障断开，电力系统应能保持稳定运行和正常供电，其他元件不过负荷，电压和频率均在允许范围内
统计口径	1. 110 千伏和 10（20）千伏两个电压等级分别统计。 2. A+、A、B、C 类地区，具体定义参见《配电网规划设计导则》。数据来源：配电网白皮书、电网诊断报告、配电网规划报告、各地市上报数据
评价方法	110 千伏指标综合值依据各类地区的主变和线路规模（台数、条数）在该地市所占权重综合计算确定。（A+、A 类地区，100% 为 4 分，3、2、1、0 分依次向下递减 15%；B 类地区，≥95% 为 4 分，3、2、1、0 分依次向下递减 15%；C 类地区，≥90% 为 4 分，3、2、1、0 分依次向下递减 15%。）10 千伏指标综合值依据各类地区的 10 千伏公用线路在该地市所占权重综合计算确定。（A+、A 类地区，100% 为 4 分，3、2、1、0 分依次向下递减 15%；B 类地区，≥80% 为 4 分，3、2、1、0 分依次向下递减 10%；C 类地区，≥60% 为 4 分，3、2、1、0 分依次向下递减 10%。）

第二节 指标目标制定及措施

对标目标从责任主体角度分为总体目标和分项目标。总体目标包括对标综合排名目标、业绩排名目标、管理排名目标等。分项目标是专业层面的对标目标，包括指标得分目标、专业排名目标等。总体目标与分项目标的制定是一个"自上而下"和"自下而上"相互校核的过程。

目标制定的方法主要有经验推算法和数值测算法。经验推算法易操作，能充分考虑指标特性，对相关人员的专业业务素质要求较高。数值测算法是通过历史数据运算得出，相对客观，但未充分考虑指标特性。

下面运用经验推算法，详细介绍某地市供电公司对标目标制定工作步骤。

一、目标制定

（一）总体目标制定

对标管理部门分析对标工作内外部环境，结合本单位基础条件以及主要经营业绩指标完成情况等，研究制定公司年度对标工作总体目标，报领导决策层审批决定。

例如：某地市供电公司 2017 年对标综合排名第六名，基础评价排名第五名。结合历史成绩确定 2018 年对标工作总体目标为"综合对标争取第五名，业绩对标争取前三名，管理对标进入前七名"。

（二）分项目标制定

1. 业绩指标得分目标

（1）指标得分目标制定。

相关专业部门结合近年的指标完成情况，提出单个业绩指标得分目标。业绩指标得分目标制定遵循以下原则。

1）刚性指标目标必须得 4 分，安全类（人身伤亡、误操作事件等）、一票否决类等指标须保持最优。

2）管理规范类指标目标必须得 4 分。例如六氟化硫回收利用率。

3）绝对优势指标目标（从历年得分以及资产结构来看，处于优势的指标）需保持 4 分。例如经营贡献度、职工劳动生产率。

4）相对优势指标目标（从参评单位横向对比来看，基本处于同一水平的指标）需保持 4 分。例如主网电压合格率。

（2）目标相互校核。

对标管理部门对专业部门提出的指标得分目标和本单位制定的业绩对标排名目标进行校核，具体步骤如下。

1）对标管理部门收集各部门提出的业绩指标得分目标，汇总计算出业绩对标得分。

2）对标管理部门分析各单位近两年的业绩对标得分，计算需达到业绩排名目标的得分区间。

3）根据各专业部门提出的业绩对标得分目标，计算业绩对标总分，与第二步计算的业绩对标得分区间相比较。若计算总分低于目标得分区间范围，则与专业部门协商，要求对业绩指标得分目标校核流程进行调整，见图 3-3。

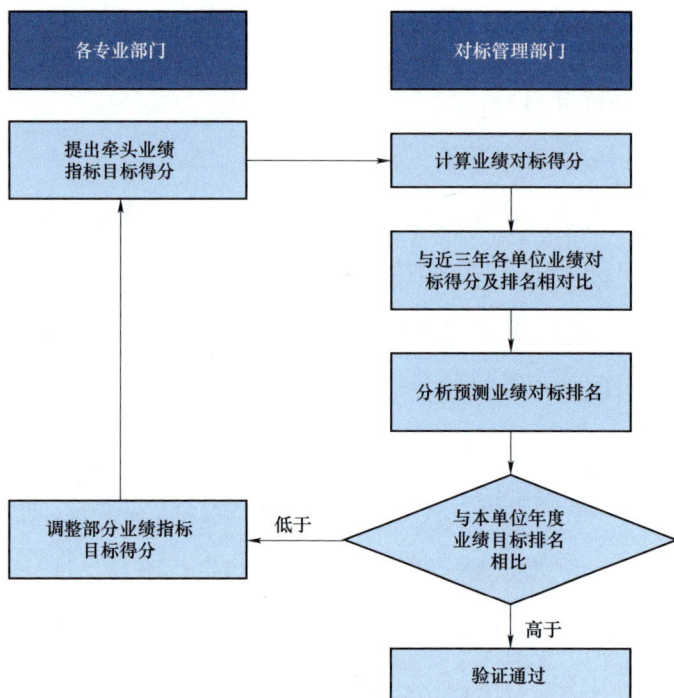

图 3-3　业绩指标得分目标校核流程

实例：某地市供电公司年度业绩对标目标校核过程。

结合历史成绩，针对某地市供电公司 2018 年提出的业绩对标进入前三名的总目标，按照"专业申报—汇总计算—目标校核—目标调整—目标匹配"的步骤，制定差异化的业绩对标得分目标。

根据专业部门提出各自牵头的业绩对标得分目标（分别有 4、3、2、1分），对标管理部门汇总计算业绩对标总得分，为 335.840 分。结合近两年业绩对标得分数据，335.840 分没有进入目标得分区间，无法完成业绩对标前三名的年度目标。对标管理部门要求对部分指标进行调整，使调整后的业绩对标得分满足前三名的目标得分。

例如营销部负责的"自备电厂规费收取率"指标为管理规范类指标，

该部门提出的目标为 B 段。对标管理部门分析指标定义、评价方式以及自备电厂管理现状等，认为该指标权重较大（14.85 分），通过规范管理可以提高指标水平，因此依据"业绩指标调整规则第二条"，将该指标目标由 B 段提高至 A 段。

同理，对标管理部门还对其他业绩指标得分目标进行了调整，最终使得业绩对标得分目标调整为 366.810 分，见表 3-3。

表 3-3　　　　2018 年某地市供电公司业绩对标得分目标调整情况

序号	指标名称	权重（分）	申报目标段位分	调整后目标段位分	牵头部门
1	贡献毛益增长率	15.750	0	1	财务部
2	城市综合电压合格率	10.125	2	3	运检部
3	客户业扩报装服务时限达标率	16.875	2	4	营销部
4	公变台区管理水平	16.875	2	3	营销部
5	自备电厂规费收取率	14.850	3	4	营销部
6	电网建设项目环保基础信息录入率	1.260	3	4	发展部
7	六氟化硫回收利用率	1.260	2	4	运检部
…	…	…	…	…	…
	业绩对标合计得分	—	335.840	366.810	

分析各地市供电公司近两年业绩对标形势（见图 3-4），业绩对标得分分为三个梯队：1～3 名（业绩标杆），得分在 350 分以上；4～8 名，得分300～350 分；9～14 名，得分 200～300 分。

该地市供电公司业绩对标调整后的得分目标为 366.810 分，处于第一梯队，与年度业绩总目标前三名相匹配。

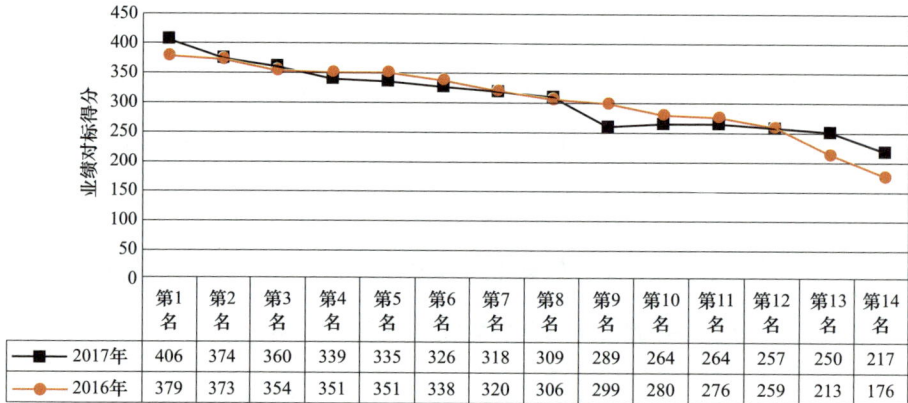

	第1名	第2名	第3名	第4名	第5名	第6名	第7名	第8名	第9名	第10名	第11名	第12名	第13名	第14名
2017年	406	374	360	339	335	326	318	309	289	264	264	257	250	217
2016年	379	373	354	351	351	338	320	306	299	280	276	259	213	176

图3-4 各地市供电公司近两年业绩对标得分情况

2. 管理专业排名目标

（1）专业排名目标制定。

相关专业部门结合近三年的专业排名完成情况，提出本管理专业的年度排名目标。专业排名目标制定遵循以下原则。

1）专业排名不得低于前三年平均水平。

2）排名目标靠前的管理专业，要求力争专业标杆。

实例：某地市供电公司专业对标目标制定。

2018年，某地市供电公司各部门结合实际情况提出了本专业的排名目标。财务管理、配套保障排名目标为第4名；安全管理排名目标为第5名；物资管理、运行管理、检修管理排名目标为第6名；人资管理、规划管理、建设管理、营销管理排名目标为第7名。

对标管理部门对近三年各专业实际排名进行分析，虽然各部门提出的专业排名均符合"专业排名不低于前三年平均水平"的原则如表3-4所示，但需要对2018年的排名进行得分推算，判断是否与管理排名的总体目标（前七名）相匹配。

表 3-4　　　　2018 年某地市供电公司管理对标排名目标申报表

序号	专业	2015 年排名	2016 年排名	2017 年排名	近三年平均年排名	2018 年申报目标年排名	备注
1	安全管理	6	16	15	12.3	5	申报通过
2	人资管理	10	6	9	8.3	7	申报通过
3	财务管理	6	3	12	7.0	4	申报通过，力争标杆
4	物资管理	8	9	13	10.0	6	申报通过
5	规划管理	7	5	9	7.0	7	申报通过
6	建设管理	7	8	9	8.0	7	申报通过
7	运行管理	8	6	5	6.3	6	申报通过
8	检修管理	2	9	7	6.0	6	申报通过
9	营销管理	12	9	8	9.7	7	申报通过
10	配套保障	2	6	5	4.3	4	申报通过，力争标杆

（2）目标相互校核。

对各专业部门提出的排名目标和该单位管理对标排名目标进行校核，如表 3-5 所示。具体步骤如下：

1）对标管理部门收集各部门排名目标后，以近三年全省各地市供电公司排名得分为参考，计算出本单位专业排名的总得分。

2）以全省各地市供电公司近三年管理对标得分为参考，判断要达到总目标中的管理对标排名所必须处于的得分区间。

3）将计算得到的管理对标得分与目标得分区间相比较，若计算得分在目标得分区间范围内，则专业排名目标符合要求。若计算得分未达到目标得分区间，则对专业排名目标进行调整。

实例：某地市供电公司管理对标目标校核。

2018 年，某地市供电公司各专业提出的排名目标为：财务管理、配套保障分别为第 4 名，安全管理第 5 名，物资管理、运行管理、检修管理分别为第 6 名；人资管理、规划管理、建设管理、营销管理分别为第 7 名。这些排名对应的 2017 年、2016 年、2015 年的得分（见表 3-5），汇总计算各专业对标总得分分别为 429.32 分，393.11 分，404.19 分。

表 3-5　　　　　　　某地市供电公司专业对标年目标排名校核表

序号	专业	2018 年申报排名目标	2017 年相应名次得分	2016 年相应名次得分	2015 年相应名次得分
1	安全管理	5	39.88（5）	39.19（5）	45.38（5）
2	人资管理	7	36.69（7）	34.03（7）	33.00（7）
3	财务管理	4	53.63（4）	52.66（4）	50.00（4）
4	物资管理	6	44.00（6）	35.75（6）	36.95（6）
5	规划管理	7	38.36（7）	35.75（7）	28.88（7）
6	建设管理	7	40.22（7）	32.31（7）	33.69（7）
7	运行管理	6	50.05（6）	49.23（6）	48.40（6）
8	检修管理	6	48.95（6）	41.59（6）	43.86（6）
9	营销管理	7	34.38（7）	26.81（7）	36.30（7）
10	配套保障	4	43.18（4）	45.79（4）	47.74（4）
合计得分			429.32	393.11	404.19

分析近三年管理对标形势，如图 3-5 所示，2017 年管理对标前七名得分在 405 分以上，2016 年管理对标前七名得分在 391 分以上，2015 年管理对标前七名得分在 390 分以上。

该公司 2017 年管理对标得分 429.32 可位于第 5 名，2016 年管理对标得分 393.11 可位于第 7 名，2015 年管理对标得分 404.19 可位于第 4 名。从近三年管理对标结果来看，该公司得分基本满足管理对标前七名的总目标要求，各部门提出的专业排名目标不需要再做调整。

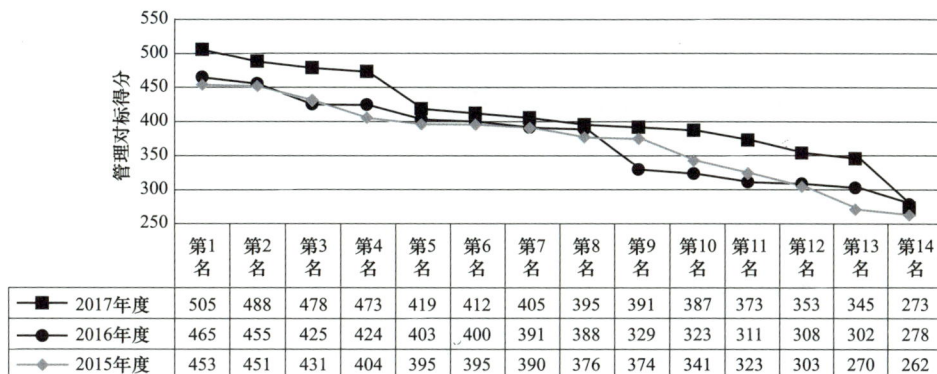

	第1名	第2名	第3名	第4名	第5名	第6名	第7名	第8名	第9名	第10名	第11名	第12名	第13名	第14名
2017年度	505	488	478	473	419	412	405	395	391	387	373	353	345	273
2016年度	465	455	425	424	403	400	391	388	329	323	311	308	302	278
2015年度	453	451	431	404	395	395	390	376	374	341	323	303	270	262

图 3-5 各地市供电公司近三年管理对标得分情况

3. 综合对标目标

综合对标是"业绩对标+管理对标"的结果,若业绩对标完成目标 366.81 分,管理对标分别完成 429.32、393.11、404.19 的目标,则综合对标分别为 796.13、759.92、771 分。

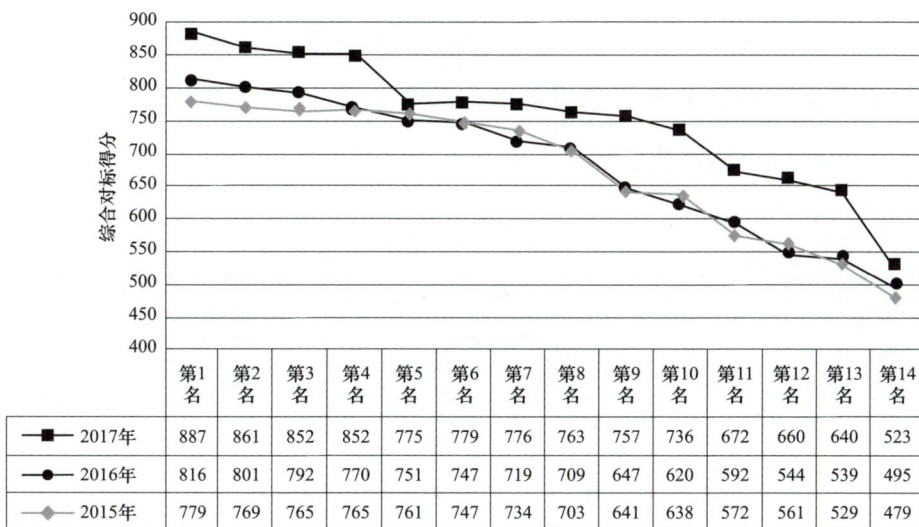

	第1名	第2名	第3名	第4名	第5名	第6名	第7名	第8名	第9名	第10名	第11名	第12名	第13名	第14名
2017年	887	861	852	852	775	779	776	763	757	736	672	660	640	523
2016年	816	801	792	770	751	747	719	709	647	620	592	544	539	495
2015年	779	769	765	765	761	747	734	703	641	638	572	561	529	479

图 3-6 各地市供电公司近三年综合对标得分情况

分析近三年综合对标形势(见图 3-6),该地市供电公司 2017 年综合对标如果得 796.13，可位于第 5 名；2016 年综合对标如果得 759.92，可位于第 5 名；2015 年综合对标如果得 771 分，可位于第 2 名，满足综合排名第五名的总目标。

二、目标措施

目标措施是对指标目标和专业目标进行过程管控，对月度中未完成目标的指标和专业进行问题查找与分析，制定提升措施计划，确保年度目标实现。

（一）指标目标管控措施

在对标评价后，对未完成目标得分的指标进行分析，查找业务问题，制定提升措施，跟踪改进提升效果。

实例："新能源全额消纳率"指标得分目标管控。

1~2 月，某地市供电公司"新能源全额消纳率"指标得 1 分，而年度目标是 3 分（见表 3-6）。通过对该指标进行原因分析，制定了整改提升措施，每月跟踪措施落实情况，确保年度目标实现。

表 3-6　　　　　　　　　　　指标得分目标管控单

指标名称	新能源全额消纳率	指标得分	1 分	时间	1~2 月
责任部门	营销部	是否完成目标	否（目标 3 分）		

原因分析：因新能源发电受 1~2 月雨雪天气影响，某地区两个风电场风叶出现霜冻无法运行长达 10 天，光伏电站光照少于预期，整体减发约 30%，与计划偏差较大影响对标得分。

整改提升措施：
1. 向交易中心协调争取，将第二次计划修正值作为考核基准值，较好地提升该项指标。
2. 联合调度部门加强天气和新能源风光电站运行监控，提升预测准确率。

整改措施落实情况及效果反馈：

（二）专业目标管控措施

在对标评价后，对未完成目标排名的管理专业进行分析，查找业务问题，制定提升措施，跟踪改进提升效果。

实例：1~2 月，某地市供电公司物资管理专业排第 10 名，而年度目标是前 6 名。对该专业存在的指标问题进行深入分析，制定管控单，落实整改提升措施，每月跟踪措施落实情况，确保年度目标实现，见表 3-7。

表 3-7 物资管理专业排名目标管控单

专业名称	物资管理	专业排名	第 10 名	时间	1~2 月
责任部门	物资供应中心	是否完成目标	否（目标排名第 6 名）		

原因分析：

1~2 月，物资管理专业参评指标 8 项，其中 4 项指标完成较差，导致物资专业排名靠后，具体原因如下。

1. 计划管理规范指标：指标完成值 97.10%，排第 6 名，得分 2 分，该指标考核期内应到货条目数 87 条，发生到货二级偏差条目共 9 条。主要涉及配网项目两个订单，供应计划最终交货期与采购计划完成率指标的要求存在不一致，导致考核较差。

2. 协议库存及电商化管理规范指标：指标完成值 99.86%，排第 10 名，得分 1 分，该指标考核期内协议库存申报条目数 1016 条，错误条目数 3 条，系 ID 号选择错误，预审未及时发现退回修改，导致考核较差。

3. 物资合同履约完成率：指标完成值 88.81%，排第 6 名，得分 2 分，该指标考核期内供应计划共 348 条，有 57 条供应商没有及时完成验票，导致考核较差。

4. 物资质量工作完成指数：指标完成值 95.76%，排第 9 名，得分 2 分，该指标考核期内计划抽检 58 条，已完成送检 46 条，未完成抽检 12 条，主要是供应商供货不及时以及现场不具备收货条件导致抽检工作无法实施，导致考核较差

整改提升措施：

1. 加强计划申报时间节点控制，杜绝错报、漏报计划。

2. 加强计划预审力度，细化审核要点，核准物料编码及技术规范 ID 号，确保不发生差错。

3. 严格按采购申请计划交货期编制供应计划，督促供应商按交货期及时供货，项目公司及时收货。

4. 供应计划零星调整延期时长控制在 30 天以内，督促供应商及时验票，提前做好预警措施。

5. 利用多种方式开展抽检工作，对不具备抽检条件的项目实施进厂抽检

整改措施落实情况及效果反馈：

1. 开展计划预审工作，加大分析力度，组织相关人员进行培训宣贯，协库申报第 3 批次全部合格。

2. 督促供应商及时交货，加强合同履约流程监控，按时间节点进行预警，同时加强合同履约痕迹管理，有效提升物资中心内部沟通协调

第三节 指标因子分解及责任权重确定

指标分解是落实指标责任，做好指标目标管控的保障。指标分解主要包括指标影响因子拆分、指标业务事项关联、指标责任权重确定三部分。

一、指标影响因子拆分

根据指标定义及计算公式对指标进行拆分，将计算公式中的各级分项作为该指标的影响因子，对指标拆分至末端影响因子。

实例："业扩报装服务规范率"指标因子拆分。

"业扩报装服务规范率"指标定义见表3-8。

表3-8 "业扩报装服务规范率"指标定义表

指标名称	定义和计算方法	统计口径	评价方法
业扩报装服务规范率	业扩报装服务规范率=业扩服务时限达标率×50%+业扩专业协同服务规范率×50%	数据来源：营销业务应用系统	分段评价： A段：≥99.9% B段：≥99.6% C段：≥99.0% D段：≥95.0% E段：<95.0%
	1. 业扩服务时限达标率=时限达标的已归档业扩新装、增容流程数/已归档的业扩新装、增容流程数总和×100%。以SG186营销业务系统中的数据为基础数据源，按月提取归档工单，高压业扩新装、增容方案答复、竣工检验、装表接电，以及重要或特殊负荷客户设计审查、中间检查业务环节时限均达标，低压业扩新装、增容接电时限（从受理申请到完成接电电网公司责任环节时限）达标且方案答复、装表接电时间满足"十项承诺"要求的为达标业务		
	2. 业扩专业协同服务规范率=各协同环节未超时限的已归档业扩流程数/已归档的业扩流程总数×100%，以对供电方案编审、电网配套工程建设、停送电计划安排协同完成时限、工作质量的监测结果为依据		

指标名称	定义和计算方法	统计口径	评价方法
业扩报装服务规范率	3. 对经查属实的工单系统外流转、"三指定"或乱收费问题，配套电网工程建设、停送电计划安排、供电方案会签（备案）等关键协同业务没有纳入系统流程化管理，以及配套电网工程建设不能满足客户接电时间需求的，每发现1户，在指标值基础上扣0.1%		
	4. 根据95598回访结果，对于业务办理时间与系统记录时间相差3个工作日及以上的业务流程，若其所占回访工单总数的比重不高于3%，不扣分；否则，比3%每高0.5%，减指标分值的0.1%		
	5. 时限标准执行《国家电网公司关于印发进一步精简业扩手续提高办电效率工作意见的通知》、"十项承诺"等相关规定		

（一）拆分一级影响因子

根据指标定义，"业扩报装服务规范率"指标包括4个一级影响因子，即业扩服务时限达标率、业扩专业协同服务规范率、关键协同业务系统流程化管理、95598回访工单考核。其中，"业扩服务时限达标率"和"业扩专业协同服务规范率"两个因子对指标产生正向影响，"关键协同业务系统流程化管理"和"95598回访工单考核"两个因子对指标产生反向影响。

（二）拆分至末端影响因子

以一级影响因子"业扩服务时限达标率"为例，根据指标定义，可进一步拆分为"时限达标的已归档业扩新装、增容流程数"和"已归档的业扩新装、增容流程数总和"。其中"已归档的业扩新装、增容流程数总和"作为分母，不受工作业务事项完成情况影响，不能作为二级影响因子；"时限达标的已归档业扩新装、增容流程数"直接受工作业务事项完成情况影响，可作为二级影响因子，且由同类型业务数据记录累加生成，为末端影响因子。依据相同步骤，对"业扩专业协同服务规范率""95598回访工单考核"一级影响因子进行拆分，拆分结果见表3-9。

一级影响因子"关键协同业务没有纳入系统流程化管理"直接受工单流转、"三指定"或乱收费、配套电网工程建设、停送电计划安排、供电方案会签（备案）等因子反向影响，且由这些业务数据记录累加生成，故每一类型影响因子即为末端影响因子。

表3-9　　　"业扩报装服务规范率"指标因子拆分结果

指标名称	一级影响因子	二级影响因子	末端影响因子
业扩报装服务规范率	1. 业扩服务时限达标率	（1）时限达标的已归档业扩新装、增容流程数	时限达标的已归档业扩新装、增容流程数
		（2）已归档的业扩新装、增容流程数总和	
	2. 业扩专业协同服务规范率	（1）各协同环节未超时限的已归档业扩流程数	各协同环节未超时限的已归档业扩流程数
		（2）已归档的业扩流程总数	
	3. 关键协同业务系统流程化管理	（1）工单系统外流转	工单系统外流转
		（2）"三指定"或乱收费	"三指定"或乱收费
		（3）配套电网工程建设未纳入系统流程	配套电网工程建设未纳入系统流程
		（4）停送电计划安排未纳入系统流程	停送电计划安排未纳入系统流程
		（5）供电方案会签（备案）未纳入系统流程	供电方案会签（备案）未纳入系统流程
		（6）配套电网工程建设不能满足客户接电时间需求	配套电网工程建设不能满足客户接电时间需求
	4. 95598回访工单考核	（1）业务办理时间与系统记录时间相差3个工作日及以上的业务流程	业务办理时间与系统记录时间相差3个工作日及以上的业务流程
		（2）回访工单总数	

（三）指标业务事项关联

通过指标的末端影响因子，分析指标涵盖业务事项，并将工作中与指标相关联的业务事项梳理清晰，明确指标责任部门，见表3-10。

表3-10　"业扩报装服务规范率"指标末端因子与业务事项关联

指标名称	末端影响因子	一级业务事项		二级业务事项	
		工作事项	责任部门	工作事项	责任部门
业扩报装服务规范率	时限达标的已归档业扩新装、增容流程数	按照公司规定的时限要求在规定时间完成相关工作内容	营销部	供电方案在规定时限内答复	发展部、运检部、调控中心、经研所、网改办
				重要客户设计审核在规定时限内完成	运检部、调控中心
				重要客户中间检查在规定时限内完成	运检部
				竣工验收在规定时限内完成	运检部、调控中心
				停送电管理在规定时限内完成	调控中心
	各协同环节未超时限的已归档业扩流程数	按照公司时限要求完成各环节工作内容	营销部	供电方案编审在规定时限完成	发展部、运检部、调控中心、经研所
				电网配套工程建设在规定时限完成	运检部、网改办
				停送电计划安排在规定时限完成	调控中心
	工单系统外流转	严禁线上线下"两张皮"现象	营销部	客户申请报装后走营销系统流程	营销部
				系统工单派工	营销部
				客户经理按照现场实际进度走营销系统对应流程	营销部

续表

指标名称	末端影响因子	一级业务事项		二级业务事项	
		工作事项	责任部门	工作事项	责任部门
业扩报装服务规范率	"三指定"或乱收费	严禁"三指定"及收取未经批准的其他费用	营销部	严禁客户经理及供电公司其他人员向客户指定施工、设计及设备材料供应公司	营销部
				严禁客户经理及供电公司其他人员向客户收取未经批准的其他费用	营销部
	配套电网工程建设不能满足客户接电时间需求	按照客户接电需求完成配套电网工程建设	营销部	业扩受限需求发起	营销部
				配套电网工程临时子项目创建并实施	运检部、网改办、调控中心、财务部、物资中心
	业务办理时间与系统记录时间相差3个工作日及以上的业务流程	处理营销系统流程	营销部	根据实际情况及时处理营销系统相关流程	营销部

二、指标责任权重确定

根据指标末端因子与业务事项关联表，将业务事项涉及的部门设置为关联部门，并根据责任大小设置指标关联责任权重，分配原则如下。

（1）指标责任部门权重原则上不低于 0.5，指标配合部门权重根据配合部门关联业务事项，由指标责任部门、配合部门共同商讨确定。

（2）若指标责任部门承担了指标大部分业务事项工作，并且工作内容相对重要，则权重不得低于 0.8。

（3）每个指标关联部门责任权重之和为 1。

以"业扩报装服务规范率"指标为例，该指标责任部门（单位）为营销部，配合部门（单位）有运检部、发展部、调控中心、财务部、经研所、网改办、物资中心。营销部作为指标责任部门，权重为 0.5。从各配合部门承担工作量、工作重要性等方面综合考虑，运检部、发展部、调控中心责任权重分别为 0.1，财务部、经研所、网改办、物资中心责任权重分别为0.05，见表 3-11。

表 3-11　　　　"业扩报装服务规范率"指标关联部门责任权重

指标名称	责任部门及权重	责任部门（责任领导/责任人）	配合部门及权重	配合部门（责任领导/责任人）
业扩报装服务规范率	营销部（0.5）	秦某/杨某	运检部（0.1） 发展部（0.1） 调控中心（0.1） 财务部（0.05） 经研所（0.05） 网改办（0.05） 物资部（0.05）	运检部：胡某/石某 发展部：许某/邓某 调控中心：谈某/吕某 财务部：余某/叶某 经研所：陈某/许某 网改办：王某/陈某 物资部：袁某/柯某

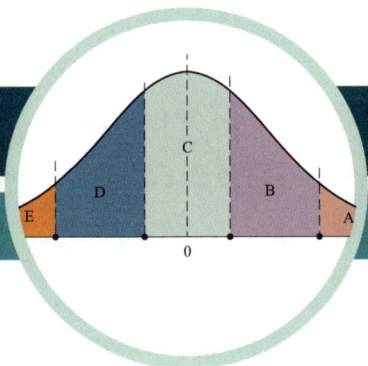

本章介绍指标评价工具和诊断分析工具，主要从使用条件、方法介绍、注意事项等方面进行阐述。

第一节 指标评价工具

指标评价的目的是将各种不同性质的指标完成值用数据统计工具折算成能归并计算的数列，以对各单位对标主体整体工作完成情况进行判断。

单个指标评价常用两种方式：一是基于完成值优劣情况分布的分段评分法；二是基于与目标完成值（或最优完成值）对比的插值评分法，见表4-1。

表4-1 指标评价工具分类

类别	评价工具	数据特点	指标特性	评价结果
分段评价法	正态分布法	段位分位点随着采样数据完成值的不同而变化，且数据符合正态分布	多数单位的完成值有明显差别的指标，例如反映经营业绩情况的"营业收入增长率"	评价结果呈阶梯形分布

续表

类别	评价工具	数据特点	指标特性	评价结果
分段评价法	五分位法	数据比较离散且不符合正态分布。	多数完成值差异较小的指标,例如"信息事件数"。	评价结果呈阶梯型分布。
	阈值分位法	固定最优或最差考核点,其余数据用四分位法进行评价。	指标目标任务明确且较为固定,可以鼓励企业较快完成年度任务,多用于资金或物资管理类指标,例如"固定资产报废处置完成率"。	
	固定分段评价法	数据分位点固定。	适用于少数公司完成情况明显优于其他公司。例如"综合电压合格率"。	
连续评价法	插值评价法	固定目标值,比较完成情况与目标值的差距。	适用于指标目标明确,提升难度较大、时间较长的指标,能直观反映企业战略布局。例如"获得电力指数"。	评价结果呈连续性分布。
数据预处理	归一化评价法	数据随机分布,量纲和量级差异较大。	通过数学变换消除原始数据差异性的影响,把有量纲的表达式处理成无量纲的表达式,并将数据限制在统一的范围内。	评价结果呈阶梯形分布。

指标评价工具需要根据电网企业实际,结合指标特性和评价数据情况合理选取。在同一指标体系下,每个指标的评价方式应予以明确。

一、正态分布法

使用条件:采用正态分布法进行指标评价的企业需要有足够的参评单位,需在 6 个及以上。参评单位较少的情况下,在使用正态分布法进行指标评价时,会出现指标评价数据大部分不满足正态分布的情况。即使数据满足正态分布,但由于数据较少,使得段位分布较为零散,不利于评价各单位的排位情况。

方法介绍：正态分布法是依据概率论中数据样本符合正态分布的情况下，将指标完成值按 $\bar{X}+1\sigma$（$\bar{X}$ 为全部数据样本的平均值，σ 为指标数据的标准差）、$\bar{X}+0.33\sigma$、$\bar{X}-0.33\sigma$ 和 $\bar{X}-1\sigma$ 为分位点，将数据按优至劣分为 A、B、C、D、E 五个区段的分段评分方式，见图 4–1。

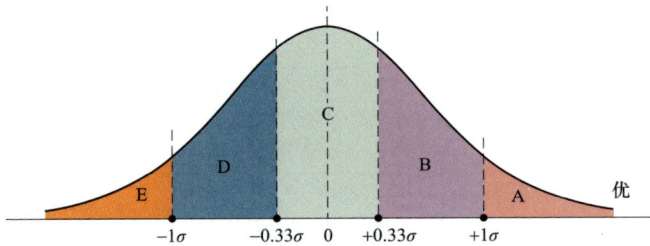

图 4–1　正态分布样本标准差分布示意

由于数据样本的不同，$\bar{X}$ 和 σ 两个数值也将发生变化，所以这种方式下的分段点是动态和变化的，参评单位在只了解自身指标完成情况的前提下，无法判断该指标所处段位，必须不断地提升指标的优秀程度，才能保证达到目标段位，体现了对标评价管理的本意："没有最好，只有更好。"

数据检验是否符合正态分布，指标评价打分主要步骤见图 4–2。

二、五分位法

使用条件：对于指标完成值呈现离散型分布，例如数据样本数值接近且集中，个别数值与其他样本差值较大，这样的数据组明显不满足正态分布特性，在这种情况下，采用五分位法进行评价。

方法介绍：五分位法按 16%、37%、63%、84% 的比例分别设置四个分位点。即所评数据样本有 16% 的数据优于第一分位点，处于 A 段；37% 的数

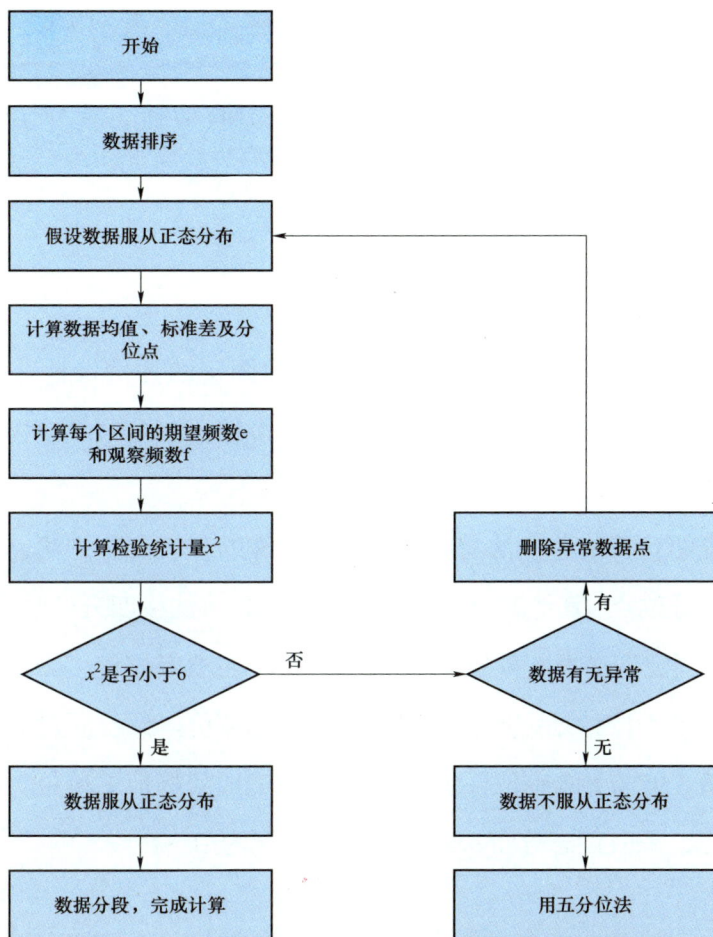

图 4-2　指标段位确定流程

据优于第二分位点（A 段+B 段）；63%的数据优于第三分位点（A 段+B 段+C 段）；84%的数据优于第四分位点（A 段+B 段+C 段+D 段）；其余 16%的数据处于 E 段。

如图 4-3 所示，处于 A、B、C、D、E 五个段的数据量占数据总体容量的比例分别为 16%、21%、26%、21%、16%。

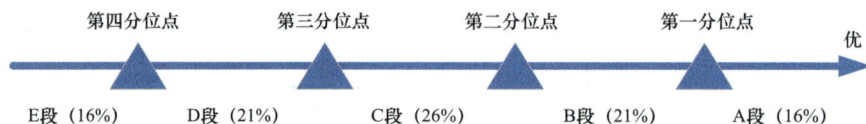

图4-3 五分位法分段示意

三、阈值分位法

使用条件：适用于目标任务明确且较为固定的评价指标。使用这种评价方式可以鼓励企业较快完成年度任务，多用于资金预算或物资管控类指标等。

方法介绍：阈值分位法实际上是一种特殊的分段评价方法，设置一个固定的阈值分位点，其他三个分位点依据正态分布法或四分位法进行评价。

例如"固定资产报废处置完成值"，该指标主要考核年度固定资产退役和报废处置是否按计划完成，适用阈值分位法评价。评价时对完成值大于等于目标值（95%）的单位评价为 A 段；未完成目标值的单位，按距离目标值的差距，采取正态分布法或四分位法分别为 B～E 段。

四、固定分段评价法

使用条件：固定分段评价法适用数据离散度较大，实施分段评价的方法。例如"综合电压合格率"。

方法介绍：固定分段评价法是指事先固定分段点，无论数据样本如何变化，完成值进入分段区间的即可得到相应段位的指标评价方法。例如"主网设备停电指标"主要考核调度停运计划执行情况。评价时对于完成值在

98%及以上为 A 段；95%～98%（不含 98%）为 B 段；90%～95%（不含 95%）为 C 段；85%～90%（不含 90%）分为 D 段；低于 85%为 E 段。

五、插值评价法

使用条件：适用于更精准地反映指标完成值变化对评价结果的影响，例如"获得电力指数"。

方法介绍：插值评价法是指将完成情况由优至劣进行排序，并根据指标完成值相对目标值（或评价的各单位中最优完成值）的差异程度，利用插值处理的方式得到指标得分的评价方法。插值评价法是指各指标完成值相对目标值（即评价标准）的实现程度，统一量级定量反映各对标指标的大小，将各指标值插值处理到 0～1 或 0～100，根据指标特性分为两种情况。

（1）当指标为正向时，将指标值与目标值进行比较，若指标值大于等于目标值，则插值处理值取 1；若指标值小于目标值，则插值处理值取指标值与目标值的比值。

（2）当指标为逆向时，若指标值小于等于目标值，则插值处理值取 1；若指标值大于目标值要分两种情况：一种情况是目标值为 0，插值处理值取值用 1 减去该单位的指标值与各单位该指标最大值的比值，例如安全类的指标；其他情况插值处理值取值则取目标值与指标值的比值。

插值评价法的计算分为两步实现。

第一步：将被评价单位的指标值都处理到小于等于 1 的范围。计算公式：

$$y_i = \left[\left(\frac{x_i}{E_i} \right)^m, 1 \right]$$

式中　y_i ——指标 i 相对目标值的插值处理值；

x_i ——指标 i 的完成值；

E_i ——指标 i 的目标值，为指定的目标值或各单位最高水平指标值；

m ——修正系数。

根据计算公式，当 $\left(\dfrac{x_i}{E_i} \right)^m \leqslant 1$ 时，y_i 取计算值；当 $\left(\dfrac{x_i}{E_i} \right)^m > 1$ 时，y_i 取 1；

当指标 i 为降序（指标值越大越好）时，m 取 1；当指标 i 为升序（指标值越小越好，且不为 0）时，m 取 -1。

第二步：将第一步处理的结果按照 0～100 进行插值处理，避免因指标评分差距不统一导致各指标评分分布不均匀。计算公式：

$$P_i = \frac{y_i - \min(y_i)}{\max(y_i) - \min(y_i)} \times 100$$

式中　P_i ——指标 i 的插值标幺值；

$\min(y_i)$ ——各单位中指标 i 的最劣值；

$\max(y_i)$ ——各单位中指标 i 的最优值；

y_i ——指标 i 的权重。

六、归一化评价法

对标评价的原则是客观、科学、公正，需体现评价对象的主观努力程度，因此在通过各种渠道收集或采集指标数据后，应针对数据的不同特征进行归一化处理。

指标数据存在三个不同的特征，需要消除这些特征，以此提高评价的科学性：一是指标所代表的物理含义不同，存在量纲上的差异，这种量纲差异是影响对事物整体评价的主要因素；二是不同指标数值上存在数量级的差异，即量级上的差异，按同一标准评价将会造成较大的偏差；三是部分指标与地方经济基础、企业规模、客户市场等客观因素相关，难以反映企业自身的主观努力程度。

使用条件：针对指标存在量纲和量级的差异，可将不同的指标数据归一化处理到统一平台上评价。归一化也称作数据的标准化、规格化、无量纲化，是一种通过数学变换来消除原始数据差异性影响的方法。

归一化方法也与地方经济基础、企业规模、客户市场等客观因素相关，基于经济基础、企业规模、客户市场的特征数据建立函数模型，消除这些因素对评价结果的影响。鉴于这些指标与地方经济相关，在归一化处理过程中需考虑经济学的部分特征，如积累效应、边际效应等。

指标数据通过归一化处理后，可选择统一的评价方式开展评价，如正态分布法、阈值分位法、排序法等，单个指标实际得分为评价得分比例乘以该指标的权重。综合得分为所有指标实际得分之和，可根据综合得分或得分率的高低顺序对评价对象排名。为细化管理责任，可将所有指标按管理部门分类，分类汇总得分，分开对评价对象排名。

方法介绍：目前，归一化的方法可以分为两类：线性归一化方法和非线性归一化方法。针对小样本数据的分布特性，非线性归一化方法可以分为凸效应归一化方法和凹效应归一化方法。

对下面公式分析：

$$\rho_L = a \times f(X,Y)$$

ρ_L 为线性归一化方法，X、Y 表示需要归一化的数据，$f(X,Y)$ 为线性函数，满足线性函数的叠加性和齐次性，即满足 $f(x_1 + x_2) = f(x_1) + f(x_2)$，如图 4-4 中曲线 1 性质；$a$ 为可变系数，可以使 ρ_L 在一定数量级范围内。

$$\rho_V = a \times f(X,Y)$$

ρ_V 为凸效应归一化方法，$f(X,Y)$ 为非线性函数，其表现为凸函数（ Convex Function ）性质，其二阶导数 $f''(X,Y) < 0$，满足 $f\left(\dfrac{x_1 + x_2}{2}\right) \leqslant \dfrac{f(x_1) + f(x_2)}{2}$，如图 4-4 中曲线 2 性质；$a$ 为可变系数。

$$\rho_C = a \times f(X,Y)$$

ρ_C 为凹效应归一化方法，$f(X,Y)$ 为非线性函数，其表现为凹函数（ Concave Function ）性质，其二阶导数 $f''(X,Y) > 0$，满足 $f\left(\dfrac{x_1 + x_2}{2}\right) \geqslant \dfrac{f(x_1) + f(x_2)}{2}$，如图 4-4 中曲线 3 性质；$a$ 为可变系数。

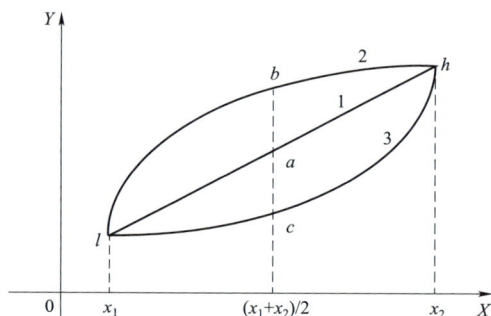

图 4-4 线性和非线性函数性质

图中曲线 1、2、3 分别表示线性归一化函数、凸效应归一化函数和凹效应归一化函数。可见，在同一范围内，归一化数据存在 $\rho_C < \rho_L < \rho_V$，

即凸效应归一化后的数据较大，线性归一化数据其次，凹效应归一化数据最小。

方法选择：不同的归一化方法，将得到不同的评价结果，它反映了评价者对指标中所包含的信息量与指标原值变动之间函数关系形式的认识发生了变化。目前，已提出的去量纲去量级的归一化方法很多，各种归一化方法得出的结论往往不一致，这给具体的分析评价工作带来了很大的困难。在实际的归一化方法选择的工作中，应注意到指标归一化方法对序列排序可靠性影响的问题：即在同一数据模型的情况下，采用不同的归一化方法，其 X_i 的排序是不同的，所以需要根据实际情况对归一化方法优化选择。

以正向指标为例，取最优值为满分 100，取最差值为 0，中间的数据用插值法，可以使用三类基本归一化公式。

1. 线性归一化方法

线性归一化方法的函数就是数学中的线性比例函数，在对单个指标归一化处理时，用于归一处理的基准值保持恒定，且各参评对象基准值都相同。

$$Q_1 = \frac{X_i - X_{\min}}{X_{\max} - X_{\min}} \times 100\%$$

式中　X_i——需要处理的各项数据；

　　$X_{\min}$——本组数据中的最小值；

　　$X_{\max}$——本组数据中的最大值。

2. 凸效应归一化方法

先对数组 X 进行处理

$$M = \ln(X) , \quad Y = \frac{M - E}{S}$$

其中，E 是数组 M 的平均值，S 是数组 M 的标准差。

$$Q_2 = \frac{Y_i - Y_{min}}{Y_{max} - Y_{min}} \times 100\%$$

式中　　Y_i ——数组中的各项数据；

Y_{min} ——本组数据中的最小值；

Y_{max} ——本组数据中的最大值。

3. 凹效应归一化方法

先对数组 X 进行处理

$$M = X^2 , \quad Y = \frac{M - E}{S}$$

其中，E 是数组 M 的平均值，S 是数组 M 的标准差。

$$Q_3 = \frac{Y_i - Y_{min}}{Y_{max} - Y_{min}} \times 100\%$$

式中　　Y_i ——需要处理的各项数据；

Y_{min} ——本组数据中的最小值；

Y_{max} ——本组数据中的最大值。

通过三类归一化处理，得到三组数据的平均值，分别为 E_1，E_2，E_3，再与线性均匀分布的标准比例函数 $f(x) = kx$ 的平均值 $E = 0.5$ 来比较，其中 $k = 1/(n-1)$，$x = 0, 1 \cdots, n-1$，n 表示参评对象的数量。

如果有 $0.8E \leqslant E_1 \leqslant 1.2E$（即 $0.4 \leqslant E_1 < 0.6$），则使用线性归一化所得的各单位得分值 Q_1；如果有 $0 \leqslant E_2 \leqslant 0.8E$（即 $0 \leqslant E_2 < 0.4$），则使用凸效应归一化所得的各单位得分值 Q_2；如果有 $1.2E \leqslant E_3 \leqslant 1$（即 $0.6 \leqslant E_3 \leqslant 1$），则使用凹效应归一化所得的各单位得分值 Q_3。

确定使用的归一化方法后，该指标的分布会更加拟合标准比例函数 $f(x) = kx$ ，故可根据正态分布或五分位法对该组数据进行评价，得到该指标的段位分（实例详见第五章）。

第二节　诊断分析工具

为提高诊断分析效率，在指标分析各个工作阶段采用不同的诊断分析工具。本节将结合在分析工作的不同阶段，分别介绍几种常用的诊断分析工具，见表4-2。

表4-2　　　　　　　　　　管理提升工具分类

序号	工作阶段	参考工具
1	指标相应因子拆分	树图分析法
2	指标关联分析	相关性分析法
3	指标提升分析	波士顿矩阵法
4	劣势成因分析	5W2H 分析法

一、树图分析法

树图即系统图，常用来表示某个指标与其组成要素之间的关系，从而明确问题的重点，寻求最优解决方案的一种树枝状图。树图可以系统地把某个指标问题分解为许多组成要素，以显现出问题与要素、要素与要素之间的逻辑关系和顺序关系。

实例：单项指标响应因子树图分析。

某地市供电公司评价"信息系统在线监测系统应用率"指标，采用树图分析法对指标响应因子分解如表 4−3 所示。

表 4−3　　　"信息系统在线监测系统应用率"指标因子分解

指标名称	一级因子	计算公式	子指标	一级权重	责任部门及权重	二级因子权重及配合部门	责任人
信息系统在线监测系统应用率	TMR系统数据实用化率	TMR系统数据实用化率＝TMR系统母线平衡合格比例×50%+TMR采集成功率×50%	1. TMR母线平衡合格比例	50%	调控中心 60%	1. 调控中心负责确认TMR系统中档案录入和计算公式输入正确，计算的电量准确无误，排查主站系统各类问题；60%	
			2. TMR采集成功率			2. 发展部负责TMR项目规划、协调、督导；10%	
						3. 营销部负责配合核查计量装置档案准确，处理计量装置及采集设备故障；10%	
						4. 运检部负责提供TMR系统中开关等设备基础信息并及时更新；10%	
						5. 信通公司负责排查传输通道问题；10%	
	营销/用采数据一致率	（营销业务系统计量点总数−营销与用采不一致的计量点总数）÷营销业务系统计量点总数×5×100%	3. ID不一致、倍率不一致、容量不一致、接线方式不一致、档案不一致	20%	营销部 100%		
	异动正常占比及消除率	异动正常占比×50%+台区异动处理完结率×50%	4. 异动正常占比	30%	营销部 50%	运检部负责配合低电压、重过载、三相不平衡三类异动问题的处理整改；50%	
			5. 异动消除率				

（1）拆分一级因子：信息系统在线监测系统应用率考核主要由"TMR系统数据实用化率""营销/用采数据一致率""异动正常占比及消除率"三个一级因子组成，其一级因子之间权重分配可由指标定义和计算方法得到，分别为 50%、20% 和 30%。

（2）拆分二级因子：一级因子中"TMR 系统数据实用化率"可分为"TMR 母线平衡合格比例"和"TMR 采集成功率"两个二级因子，其权重分配各占 50%。

（3）确定因子责任："TMR 系统数据实用化率"主要使用调控中心负责的"TMR 信息系统"数据进行考核，故调控中心对该因子负主要责任，分配该一级因子全部责任的 60%，同时根据工作关系，发展部、营销部等 4 个部门负有配合责任，各占 10% 权重。将各级因子权重分配相乘，即得到该指标责任部门权重分配。

$$调控中心责任权重 = 0.5 \times 0.6 \times 100\% = 30\%$$
$$营销部责任权重 = (0.5 \times 0.1 + 0.2 \times 1 + 0.3 \times 0.5) \times 100\% = 40\%$$

二、相关性分析法

相关性分析是指对两个或多个具备相关性的变量元素进行分析，利用数据分析工具，把握管控重点的分析方法。

在对标工作中，选择两个及以上指标，收集样本对象指标值，通过数据分析计算相关关系值，用相关系数来描述。相关系数的计算方法，常用皮尔森相关系数（Pearson correlation coefficient），该系数是用来反映两个变量线性相关程度的统计量，其计算公式如下：

$$r = \frac{\sum_{i=1}^{n}(X_i - \overline{X})(Y_i - \overline{Y})}{\sqrt{\sum_{i=1}^{n}(X_i - \overline{X})^2 \cdot \sum_{i=1}^{n}(Y_i - \overline{Y})^2}}$$

为便于在计算机上编写公式，往往把上述公式变换成下式：

$$r = \frac{n\sum_{i=1}^{n}X_iY_i - \sum_{i=1}^{n}X_i \cdot \sum_{i=1}^{n}Y_i}{\sqrt{n\sum_{i=1}^{n}X_i^2 - \left(\sum_{i=1}^{n}X_i\right)^2} \cdot \sqrt{n\sum_{i=1}^{n}Y_i^2 - \left(\sum_{i=1}^{n}Y_i\right)^2}}$$

式中：n 为样本量，X_i、Y_i 分别为两个变量的观测值，$\overline{X}$、$\overline{Y}$ 分别为两个变量的均值，r 为样本的相关系数，描述两个变量间相关强弱的程度，其符号代表的正负相关性，绝对值越大表明相关性越强。

在相关性分析过程中，分析对象各项对标指标完成值，通过计算每两个指标之间的皮尔森相关系数，得到各项指标之间的相关性。若 $r>0$，表明两个指标为正相关，即一个指标的完成值越大，另一个指标的完成值也会越大；若 $r<0$，表明两个指标是负相关，即一个指标的完成值越大，另一个指标的完成值反而会越小。r 的绝对值越大表明相关性越强，$|r|>0.95$，存在显著性相关；$0.8<|r|\leqslant0.95$，高度相关；$0.5<|r|\leqslant0.8$，中度相关；$0.3<|r|\leqslant0.5$，低度相关；$|r|\leqslant0.3$，关系极弱，认为不相关。

实例：地市供电公司基础评价指标相关性分析。

基础评价包括地区经济发展水平、电价电量、服务环境三个方面。在制定基础评价指标体系时，需要计算各相关指标之间的相关系数。选择"GDP 总量""GDP 增长率""人均 GDP""单位面积 GDP""负荷密度""人均售电量"等指标，列出某年份 16 个地市供电公司的指标数据（见表 4-4）。应用上述皮尔森公式，计算各指标之间的相关系数（见表 4-5）。

表 4-4 某年地市供电公司基础评价部分指标

序号	单位	GDP 总量（万元）	GDP 增长率（%）	人均 GDP（元/人）	单位面积GDP（万元/平方公里）	负荷密度(万千瓦/万平方公里)	人均售电量（千瓦时/人）
1	单位 A	40 436 247	9.27	184 219.80	436 959.66	23 341.26	16 001.30
2	单位 B	36 320 865	11.00	96 984.95	77 147.12	6850.04	27 781.91
3	单位 C	35 147 623	10.53	100 882.96	81 594.44	5754.94	23 658.15
4	单位 D	9 237 781	9.62	41 724.40	30 201.66	4691.54	14 152.57
5	单位 E	3 382 138	5.47	52 928.61	39 446.44	3324.00	8331.55
6	单位 F	8 277 143	5.78	99 483.17	139 181.82	9749.45	30 954.78
7	单位 G	4 505 254	12.57	34 897.40	4971.15	1038.42	13 768.44
8	单位 H	5 062 998	11.30	27 666.66	3768.51	742.09	14 600.56
9	单位 I	1 170 399	12.91	39 275.13	804.40	139.38	5761.97
10	单位 J	4 492 946	8.01	45 567.40	2225.33	330.86	18 955.50
11	单位 K	3 917 251	11.66	26 647.97	3795.79	769.38	14 273.42
12	单位 L	1 531 890	12.11	36 473.57	1612.30	247.33	5384.91
13	单位 M	1 820 453	7.84	48 287.88	857.65	130.97	6310.04
14	单位 N	1 785 611	10.20	37 671.12	795.37	132.35	5812.62
15	单位 O	11 031 980	8.69	115 760.55	10 815.67	1050.98	17 143.33
16	单位 P	838 388	10.56	26 447.57	420.51	87.77	4000.20

表 4-5 地市供电公司基础评价指标相关系数计算表

指标名称	GDP 总量（万元）	GDP 增长率（%）	人均 GDP（元/人）	单位面积GDP（万元/平方公里）	负荷密度(万千瓦/万平方公里)	人均售电量（千瓦时/人）
GDP 总量（万元）	1	—	—	—	—	—
GDP 增长率（%）	0.005 8	1	—	—	—	—
人均 GDP（元/人）	0.816 9	−0.316 0	1	—	—	—
单位面积 GDP（万元/平方公里）	0.723 2	−0.227 2	0.857 3	1	—	—

续表

指标名称	GDP 总量（万元）	GDP 增长率（%）	人均 GDP（元/人）	单位面积GDP（万元/平方公里）	负荷密度（万千瓦/万平方公里)	人均售电量（千瓦时/人）
负荷密度（万千瓦/万平方公里）	0.763 5	−0.260 7	0.861 7	0.985 8	1	—
人均售电量（千瓦时/人）	0.604 3	−0.270 3	0.537 7	0.348 6	0.448 8	1

根据表 4−5 中的相关性系数，可以判断各指标之间的相关性程度，见表 4−6，在制定基础评价体系及权重分配时，作为参考资料。

表 4−6　　　　　　地市供电公司基础评价指标相关性分析表

类型	相关关系
显著性相关（｜r｜＞0.95）	"负荷密度"与"单位面积 GDP"
高度相关（0.8＜｜r｜≤0.95）	"人均 GDP"与"GDP 总量" "单位面积 GDP"与"人均 GDP" "负荷密度"与"人均 GDP"
中度相关（0.5＜｜r｜≤0.8）	"单位面积 GDP"与"GDP 总量" "负荷密度"与"GDP 总量" "人均售电量"与"GDP 总量" "人均售电量"与"人均 GDP"
低度相关（0.3＜｜r｜≤0.5）	"人均 GDP"与"GDP 增长率" "人均售电量"与"单位面积 GDP" "人均售电量"与"负荷密度"
不相关（｜r｜≤0.3）	"GDP 增长率"与"GDP 总量" "单位面积 GDP"与"GDP 增长率" "负荷密度"与"GDP 增长率" "人均售电量"与"GDP 增长率"

三、波士顿矩阵法

波士顿矩阵法又称四象限分析法，是企业为适应复杂的市场变化，必须合理地在各项业务之间分配资源的一种方法。例如，应用波士顿矩阵法从指标提升空间和提升难易程度两个维度对指标进行分析，得出明星指标、潜力指标、配角指标和一般指标四类，如图4-5所示。再针对这四类指标制定相应策略，即根据目前企业四类对标指标的实际情况，将企业有限的资源有效分配到合理的指标提升措施中去，以提高企业对标指标提升的效率。

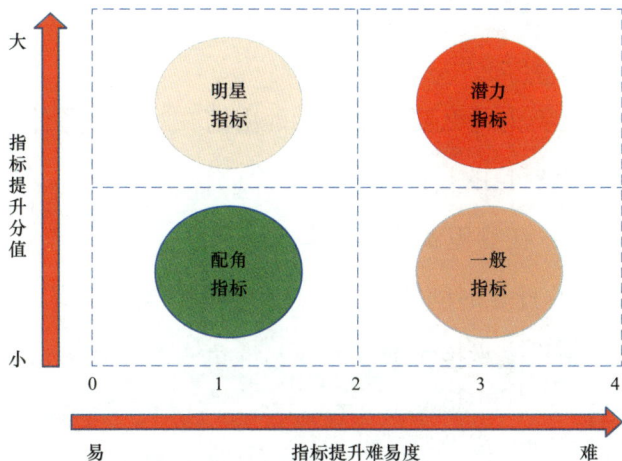

图 4-5　波士顿矩阵分析示意图

四、5W2H 分析法

5W2H 分析法又称七和分析法，用五个以 W 开头的英语单词和两个以

H 开头的英语单词进行设问，见图 4-6。发现解决问题的线索，寻找出决策思路，富有启发意义，广泛用于企业管理和技术活动，对于决策和执行性的活动措施也非常有帮助。

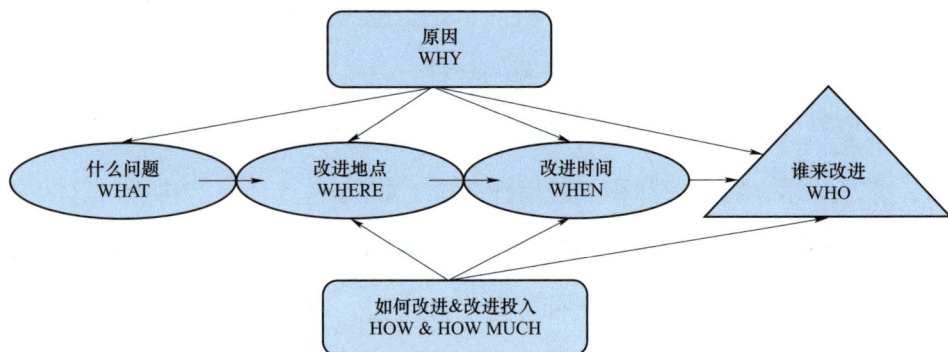

图 4-6　5W2H 分析法模型

5W 分别是：

Why：为什么？为什么要这么做？理由何在？原因是什么？

What：是什么？目的是什么？做什么工作？

Where：何处？在哪里做？从哪里入手？

When：何时？什么时间完成？什么时机最适宜？

Who：谁？由谁来承担？谁来完成？谁负责？

2H 分别是：

How：怎么做？如何提高效率？如何实施？方法怎样？

How much：做到什么程度？多少？数量如何？质量水平如何？费用产出如何？

5W2H 可以扩展为 4 个层次，共涉及 28 个问题，见表 4-7。

表 4-7　　　　　　　　　　　　　5W2H 和 28 问

5W2H	1 层次	2 层次	3 层次	4 层次	结论
什么问题 WHAT	什么事情	为什么做这个事情	有更合适的事情吗	为什么是更合适的事情	定事
原因 WHY	什么原因	为什么是这个原因	有更合适的理由吗	为什么是更合适的理由	定原因
如何改进 HOW	如何去做	为什么采用这个方法	有更合适的方法吗	为什么有更合适的方法	定方法
谁来改进 WHO	是谁	为什么是他	有更合适的人吗	为什么是更合适的人	定人
改进地点 WHERE	什么地点	为什么在这个地点	有更合适的地点吗	为什么是更合适的地点	定位
改进时间 WHEN	什么时候	为什么在这个时间	有更合适的时间吗	为什么是更合适的时间	定时
改进投入 HOW MUCH	花费多少	为什么要这些花费	有更合理的花费吗	为什么是更合理的花费	定耗费

实例：运用 5W2H 分析法制定指标提升计划。

某地市供电公司以"用电采集系统采集成功率"指标为例，运用 5W2H 法制定改进提升计划。

该指标当前存在主要问题是因采集集中器 4G 无线信号不稳定，集中器掉线时间较长，造成电能表数据丢失，影响采集成功率，其改进计划如表 4-8 所示。

表 4-8　　　　　"用电采集系统采集成功率"指标改进计划

指标名称	什么问题（WHAT）	原因（WHY）	如何改进（HOW）	谁来改进（WHO）	改进地点（WHERE）	改进时间（WHEN）
用电采集系统采集成功率	采集集中器 4G 无线信号不稳定	采集集中器安装位置较为偏僻，特别是山区地段，无线信号较弱	将信号不稳定的集中器移至较为开阔的地点，对山区偏远地点的集中器加装信号增强器	张某某	某供电区域	某年某月

五、因果图分析法

因果图又叫鱼骨图。它是揭示指标特性波动与其潜在原因关系，即表达和分析因果关系的一种图表。问题的特征总是受到一些因素的影响，可以通过头脑风暴法找出这些因素，并将它们与特性值一起，按相互关联性整理形成层次分明、条理清楚的鱼骨状图形，故称为"鱼骨图"。是一种透过现象看本质的分析方法。

因果图制作分为两步：

（一）分析问题原因和结构

1. 针对问题点，选择层别方法（如人、机、料、法、环等）。

2. 利用头脑风暴法找出各层别所有可能的原因。

3. 将找出的各要素进行归类整理，明确其从属关系。

4. 分析选取重要因素。

（二）绘制鱼骨图

1. 填写鱼头，画出主骨。

2. 画出大骨，填写第一级因数（即大要因）。

3. 画出中骨、小骨，填写第二、三级因数（即中小要因）。

4. 用特殊符号标识重要因素。

在绘制鱼骨图时，应注意以下几点：

（1）确定大要因（大骨）时，现场作业一般从"人、机、料、法、环"着手，管理类问题一般从"人、事、时、地、物"层别，应视具体情况决定。

（2）大要因必须用中性词描述，中、小要因则应使用价值判断的词语进行描述（如……不良）。

（3）中要因跟特性值、小要因跟中要因间应有直接的问题和原因关系。

（4）如果某种要因可同时归属于两种或两种以上的上级因素，应以关联性最强者为准。

（5）选取重要原因时，不应超过 7 项，且应标识在最末端。

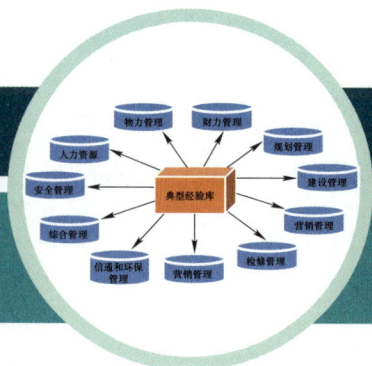

对标评价包括指标评价、专业评价和综合评价等。通过对每个指标评价，计算指标得分、专业得分和综合得分，从整体上客观反映对标结果。根据对标评价结果，发现企业管理上的优势及不足，研究解决办法，确定阶段目标，持续改进提升。

第一节　指　标　类　型

指标类型可以按多种维度来划分，但就对标而言，主要包括按指标采集方式分、按指标优劣顺序分和按指标分布特征分三种。

一、按指标采集方式分

根据指标是否可以通过系统直接采集的原则，将指标分为自动采集指标和手工统计指标两类。

（一）自动采集指标

自动采集指标可以根据指标定义、计算方法、统计口径和数据来源，直接从相关信息系统中采集数据的指标。

自动采集指标示例：10 千伏电网 $N-1$ 通过率＝（满足 $N-1$ 原则的设备数÷设备总数）×100%。从定义中可以看出，指标包含的因子可从规划设计平台、PMS 生产管理系统中直接采集数据，通过定义计算结果。

（二）手工统计指标

手工统计指标需对评价对象进行客观统计分析来反映评价结果，一般是人工统计的管理指标，主要体现的是业务过程中的管理规范和成效。

手工统计指标示例：作业风险管控工作评价指标＝0.25×稽查覆盖率+0.35×高风险作业风险管控到位率+0.3×稽查违章比率+0.1×现场标准化作业率。从定义中可以看出，需借助作业风险管控等系统通过收集资料或现场检查等方式，形成支撑素材，手工计算得出指标值。

二、按指标优劣顺序分

根据指标数值大小所代表的优劣顺序不同，可将指标分为正向指标、逆向指标和适度指标三种类型。

（一）正向指标

正向指标是指数值越大评价结果越优的指标，如 10 千伏电网 $N-1$ 通过率、经营贡献度等。

（二）逆向指标

逆向指标是指数值越小评价结果越优的指标，如人身伤亡、误操作事件等。

（三）适度指标

适度指标是指数值在某个区间内即满足要求，偏离区间范围越远评价结果越差，如110千伏系统容载比。

三、按指标分布特征分

指标分布特征是指数值通过数理统计，数据分布特征不同，分为离散型分布和连续型分布。根据数据的分布特征不同，可选取不同的指标评价工具。

（一）离散分布

如果随机变量 X 的所有可能的取值是有限或者可列无穷多个，那么它分布函数的值域是离散的，对应的分布为离散分布。常用的离散分布有二项分布、泊松分布、几何分布、负二项分布等。

（二）连续分布

连续型随机变量 X 的分布函数是连续的，它对应的分布为连续分布。常用的连续分布有正态分布、均匀分布、指数分布、伽马分布、贝塔分布等，其中正态分布是最常用的连续分布。

第二节　得　分　计　算

一、分段评分法

分段评分法是指将完成情况由优至劣进行排序，根据不同的段位分位点，确定指标的完成数值落入不同等级的评价方法，主要分为以下几种形式。

（一）正态分布法

例如：某年，公司 14 个基层单位全口径劳动生产率完成情况见表 5−1。

表 5−1　　　　　　　"全口径劳动生产率" 指标完成情况　　　　单位：元/（人·年）

单位名称	指标值	单位名称	指标值
单位 A	2 750 500	单位 H	548 400
单位 B	577 200	单位 I	796 300
单位 C	928 400	单位 J	408 500
单位 D	640 300	单位 K	312 000
单位 E	613 300	单位 L	427 900
单位 F	345 400	单位 M	32 200
单位 G	596 000	单位 N	134 400

（1）假设该组数据符合正态分布。

（2）计算均值和标准差：

$$平均值\ \bar{x} = \frac{\sum x_i}{n} = 650\ 771.43$$

$$标准差\ \sigma = \sqrt{\frac{\sum (x_i - \bar{x})^2}{n}} = 626\ 394.31$$

计算得到四个分位点：$\bar{x}+1\sigma$、$\bar{x}+0.33\sigma$、$\bar{x}-0.33\sigma$ 和 $\bar{x}-1\sigma$。

（3）根据检验值公式 $x^2 = \sum\limits_{i-1}^{k} \frac{(f_i - e_i)^2}{e_i}$，其中：$f_i$ 表示 5 个段位的观察频数；e_i 表示 5 个段位的期望频数，分别为 0.16n、0.21n、0.26n、0.21n、0.16n，按照 95% 的置信度，要求检验值 $x^2 < 6$，经计算 $x^2 = 8.922 > 6$，因此正态分布的假设不成立。以 $\bar{x} \pm 3\sigma$ 为界限（2 529 954.35，−1 228 411.49），

单位 A 的指标值 2 750 500 超出了正常范围，应作为异常数据剔除。

（4）将异常数据剔除后，剩余 13 个单位数据再计算平均值和标准差。

$$平均值 \bar{x} = \frac{\sum x_i}{n} = 489\ 253.85$$

$$标准差 \sigma = \sqrt{\frac{\sum (x_i - \bar{x})^2}{n}} = 239\ 418.27$$

根据正态分布的判断依据，见图 4-2，剔除后的数据符合正态分布，可得四个分位点：

A 段：$\bar{X} + 1\sigma = 728\ 672.12$

B 段：$\bar{X} + 0.33\sigma = 568\ 261.88$

C 段：$\bar{X} - 0.33\sigma = 410\ 245.82$

D 段：$\bar{X} - 1\sigma = 249\ 835.57$

即可得到 14 个参评单位的计算结果，见表 5-2。

表 5-2 "全口径劳动生产率"指标计算结果

区段	段位分	数据区间	单位数量	单位名称
A 段	4	$X \geqslant 728\ 672.12$	3	单位 A、C、I
B 段	3	$568\ 261.88 \leqslant X < 728\ 672.12$	4	单位 B、D、E、G
C 段	2	$410\ 245.82 \leqslant X < 568\ 261.88$	2	单位 H、L
D 段	1	$249\ 835.57 \leqslant X < 410\ 245.82$	3	单位 F、J、K
E 段	0	$X < 249\ 835.57$	2	单位 M、N

（二）五分位法

例如：公司参与对标的地市供电公司共计 14 家。某年，14 家单位安全隐患排查指标完成情况见表 5-3。

表 5-3　　　　　　　　　　"安全隐患排查情况"指标完成情况

单位名称	指标值	单位名称	指标值
单位 A	99.20	单位 H	98.44
单位 B	93.00	单位 I	97.71
单位 C	95.00	单位 J	98.36
单位 D	100.04	单位 K	99.14
单位 E	99.09	单位 L	97.54
单位 F	98.42	单位 M	97.74
单位 G	97.97	单位 N	98.89

根据正态分布的判断依据，见图 4-2，该组数据不符合正态分布，需用五分位法进行评价。

可利用 Excel 中 PERCENTILE（array，k）函数计算指标区域（array）中占第 k 个百分点的值。

第一分位数：=PERCENTILE（array，0.84）=99.14

第二分位数：=PERCENTILE（array，0.63）=98.53

第三分位数：=PERCENTILE（array，0.37）=97.93

第四分位数：=PERCENTILE（array，0.16）=97.55

其中 array 表示 14 家单位的指标值所在的单元格区域。

根据分位数，计算出的结果见表 5-4。

表 5-4　　　　　　　　　　"安全隐患排查情况"指标段位计算结果

区段	段位分	数据区间	单位数量	单位名称
A 段	4	$X \geqslant 99.14$	3	单位 D、A、K
B 段	3	$98.53 \leqslant X < 99.14$	2	单位 E、N
C 段	2	$97.93 \leqslant X < 98.53$	4	单位 H、F、J、G
D 段	1	$97.55 \leqslant X < 97.93$	2	单位 M、I
E 段	0	$X < 97.55$	3	单位 L、C、B

（三）阈值分位法

阈值分位法设有固定的阈值分位点，该分位点是规定的指标完成值的上限（以正向指标为例），达到阈值的指标处于 A 段，其余未达到阈值的指标按四分位法进行评价，分别处于 B、C、D、E 四个段位。

例如："流动资产周转率"计划上限值为 500 次，即全年流动资产完成超过 500 次的单位评价处于 A 段，其余单位的数据用四分位法进行分段评价。公司参与对标的地市供电公司共计 14 家，某年 14 家单位流动资产周转率完成情况见表 5-5。

表 5-5　　　　　　**"流动资产周转率"指标完成情况**　　　　　单位：次

单位名称	指标值	单位名称	指标值
单位 A	320.01	单位 H	677.01
单位 B	167.02	单位 I	508.02
单位 C	285.00	单位 J	246.02
单位 D	428.01	单位 K	721.01
单位 E	335.02	单位 L	452.03
单位 F	274.01	单位 M	268.03
单位 G	194.00	单位 N	193.01

表 5-5 中，单位 H、单位 I、单位 K 这 3 家单位的流动资产周转率超过阈值 500 次，直接将这 3 家单位的评价结果置于 A 段，其余 11 家单位的指标值按四分位法评价至 B、C、D、E 四个段位。

第一步：将未达到阈值的 11 家单位的指标值，用 Excel 中的 QUARTILE 函数计算出第二、三、四分位数。

第二分位数：=QUARTILE（array，3）=327.52

第三分位数：=QUARTILE（array，2）=274.01

第四分位数：=QUARTILE（array，1）=220.01

其中 array 表示 11 家单位的指标值所在的单元格区域。

第二步：各单位"流动资产周转率"指标评价结果见表 5-6。

表 5-6　　　　　　　　"流动资产周转率"指标计算结果

区段	数据区间	单位数量	单位名称
A 段	$X \geqslant 500$	3	单位 H、I、K
B 段	$327.52 \leqslant X < 500$	3	单位 D、E、L
C 段	$274.01 \leqslant X < 327.52$	3	单位 A、C、F
D 段	$220.01 \leqslant X < 274.01$	2	单位 J、M
E 段	$X < 220.01$	3	单位 B、G、N

（四）分段点评价法

先指定指标各段位的分位点，根据指标值所处的区域，给出相应的段位分。

例如："综合电压合格率"指标，指定四个段位分位点为 99.99%、99.98%、99.95% 和 99.90%。公司参与对标的地市供电公司共计 14 家，某年"综合电压合格率"指标完成情况见表 5-7。

表 5-7　　　　　　　　"综合电压合格率"指标完成情况　　　　　单位：%

单位名称	指标值	单位名称	指标值
单位 A	99.98	单位 H	99.93
单位 B	99.97	单位 I	99.97
单位 C	99.88	单位 J	99.94
单位 D	99.96	单位 K	99.93

续表

单位名称	指标值	单位名称	指标值
单位 E	99.94	单位 L	99.95
单位 F	99.92	单位 M	99.98
单位 G	99.99	单位 N	99.91

按上述分位点评价结果见表 5-8。

表 5-8   "综合电压合格率"指标计算结果

区段	数据区间	单位数量	单位名称
A 段	$X \geqslant 99.99$	1	单位 G
B 段	$99.98 \leqslant X < 99.99$	2	单位 A、M
C 段	$99.95 \leqslant X < 99.98$	4	单位 B、D、I、L
D 段	$99.90 \leqslant X < 99.95$	6	单位 E、F、H、J、K、N
E 段	$X < 99.90$	1	单位 C

二、连续评分法

（一）插值评价法

例如：公司参与对标的地市供电公司共计 14 家，某年"电网安全风险预警工作评价指数"完成情况及计算结果见表 5-9。

该指标的权重为 10 分。设指标值最大的单位得满分（即 10 分），指标值最小的单位得 0 分，用下列公式计算各单位的得分：

$$得分 = (A - B) \times (X_i - X_{min}) \div (X_{max} - X_{min})$$

式中：

X_i：表示各单位指标；

X_{max}：表示指标最大值（本例为 100）；

X_{min}：表示指标最小值（本例为 85）；

A：表示最大值单位得分（本例为 10）；

B：表示最小值单位得分（本例为 0）。

表 5-9　　　某年 14 家单位"电网安全风险预警工作评价指数"
指标完成及得分情况

单位名称	指标值（分）	得分
单位 A	99	9.333
单位 B	100	10.000
单位 C	92	4.667
单位 D	99	9.333
单位 E	99	9.333
单位 F	100	10.000
单位 G	95	6.667
单位 H	100	10.000
单位 I	85	0.000
单位 J	95	6.667
单位 K	92	4.667
单位 L	100	10.000
单位 M	100	10.000
单位 N	99	9.333
最大值	100	10
最小值	85	0

表 5-10　　　　　　　　批量处理多个指标插值评价

A	B	C	D	E	F	G	H	I	J	
序号	指标名称	权重	目标	单位 A	单位 B	单位 C	单位 D	单位 E	单位 F	性质
1	指标 1	20	0	0.00	0.00	2.00	0.00	1.00	0.00	逆序
	初步处理	—	—	1.00	1.00	0.00	1.00	0.50	1.00	
	插值结果	—	—	100.00	100.00	0.00	100.00	50.00	100.00	

续表

A	B	C	D	E	F	G	H	I	J	
序号	指标名称	权重	目标	单位 A	单位 B	单位 C	单位 D	单位 E	单位 F	性质
2	指标 2	10	98	99.98	94.97	99.66	93.26	100.00	97.32	正序
	初步处理	—	—	1.000	0.969	1.000	0.952	1.000	0.993	
	插值结果	—	—	100.00	36.08	100.00	0.00	100.00	85.65	
3	指标 3	15	0.00	0.24	0.27	0.56	0.63	0.00		逆序
	初步处理	—	—	1.000	0.619	0.571	0.111	0.000	1.000	
	插值结果	—	—	100.00	61.90	57.14	11.11	0.00	100.00	
4	指标 4	20		11.74	20.01	12.41	5.40	17.57	8.55	正序
	初步处理	—	—	0.587	1.000	0.620	0.270	0.878	0.427	
	插值结果	—	—	43.39	100.00	47.98	0.00	83.30	21.56	
综合	综合评价得分	—	—	12.35	13.54	12.89	10.49	13.81	11.44	
	综合排名	—	—	4	2	3	6	1	5	

表 5-10 为公司管理的 6 家地市供电公司对标评价表，列出了 4 类不同性质的指标。由于指标性质不同插值处理的计算公式不同，其插值评价用 Excel 实现的计算公式分别如下。

指标 1：目标值为 0 且为逆序的指标（即指标值越小，评价结果越优）。

单位 A 插值评价的计算公式：

$$=IF(E2=0,1,(1-E2/MAX(\$E2:\$J2)))$$

其他单位插值评价的计算公式以此类推。

插值评价计算时，需考虑所有参评单位的指标值都相同的特殊情况，这时作为被除数的基准值为 0。对于这类情况，因各单位的指标值或通过第一步初步处理的值都相同，因此可将插值评价的结果值直接置为 1。另外，因插值处理计算的值在 0～1，数量级较小不便于观察，所以在计算公式中：乘以 100 将该值放大 100 倍。

单位 A 插值评价的计算公式：

$=IF(MAX(\$E3:\$J3)-MIN(\$E3:\$J3)>0,100\times(E3-MIN(\$E3:\$J3))/(MAX(\$E3:\$J3)-MIN(\$E3:\$J3)),100)$

指标 2：目标值为 98 且为正序的指标。

单位 A 插值评价的计算公式：

$$=IF(E5/\$D5>1,\$E5/\$D5)$$

指标 3：无目标值且为逆序的指标。

单位 A 插值评价的计算公式：

$$=IF\{E8=0,1,[1-E8/MAX(\$E8:\$J8)]\}$$

指标 4：无目标值且为正序的指标。

单位 A 插值评价的计算公式：

$$=E11/MAX(\$E11:\$J11)$$

以上 4 类性质指标的计算公式，在 Excel 表中只需分别设置一个，其他同类指标的计算公式可直接复制到相应的单元格应用。

（二）归一化评价法

实例 1：用线性归一化方法计算。

表 5-11 列出了某季度"流动资产周转率"得分计算过程，其中"算法 0"表示用传统的正态分布或五分位法对该组数据进行评价，"算法 1"表示用线性归一化方法对该组数据进行处理。

$$Q_1=\frac{X_i-X_{min}}{X_{max}-X_{min}}\times100\%$$

式中　X_i——需要处理的各项数据；

$X_{\min}$ ——本组数据中的最小值，本例 $X_{\min} = 1.2$；

$X_{\max}$ ——本组数据中的最大值，本例 $X_{\max} = 7.18$；

计算数组 Q_1 的平均值 $E_1 = 42.67\%$，即 0.426 7。

因 E_1 满足 $0.4 \leqslant E1 < 0.6$ 条件（线性归一化），所以可以用正态分布或五分位法对数组 Q_1 数据进行评价。从评价结果来看，归一化后的评价得分与没有归一化的评价结果相同。

这就说明，一般情况下如果数据的分布呈线性且没有明显异常，线性归一化与没有处理前的评价大致相同。

表 5–11 中列出了线性均匀分布标准函数 $f(x) = kx$ 的计算过程，其中 $k = 1/(n-1)$，$x = 0,1,2\cdots,n-1$，n 表示参与对标评价的单位数量。

本例：$n=26$，$k=1/(26-1)=0.04$，$f(x)$ 的平均值 $E=0.5$。

表 5–11　线性归一化计算某季度"流动资产周转率（次）"段位分比较

序号	单位	算法 0 正态分布或五分位法		算法 1 线性归一化	评分结果		标准比例函数	
		指标值（x）	段位分	归一化结果 Q_1（%）	Q_1 段位分	与算法 0 比较	x	$f(x) = kx$
1	单位 A	7.18	4	100.00	4	0	0	0
2	单位 B	6.37	4	86.48	4	0	1	0.04
3	单位 C	6.12	4	82.32	4	0	2	0.08
4	单位 D	5.81	4	77.16	4	0	3	0.12
5	单位 E	4.89	3	61.81	3	0	4	0.16
6	单位 F	4.71	3	58.79	3	0	5	0.20
7	单位 G	4.67	3	58.01	3	0	6	0.24
8	单位 H	4.59	3	56.71	3	0	7	0.28
9	单位 I	4.45	3	54.43	3	0	8	0.32
10	单位 J	4.04	2	47.51	2	0	9	0.36

续表

序号	单位	算法0 正态分布或五分位法		算法1 线性归一化	评分结果		标准比例函数	
		指标值（x）	段位分	归一化结果 Q_1（%）	Q_1 段位分	与算法0 比较	x	$f(x)=kx$
11	单位 K	3.98	2	46.57	2	0	10	0.40
12	单位 L	3.84	2	44.20	2	0	11	0.44
13	单位 M	3.73	2	42.26	2	0	12	0.48
14	单位 N	3.69	2	41.60	2	0	13	0.52
15	单位 O	3.60	2	40.13	2	0	14	0.56
16	单位 P	2.98	1	29.71	1	0	15	0.60
17	单位 Q	2.86	1	27.78	1	0	16	0.64
18	单位 R	2.79	1	26.60	1	0	17	0.68
19	单位 S	2.78	1	26.46	1	0	18	0.72
20	单位 T	2.68	1	24.71	1	0	19	0.76
21	单位 U	2.57	1	22.86	1	0	20	0.80
22	单位 V	2.43	1	20.53	1	0	21	0.84
23	单位 W	2.34	1	19.03	1	0	22	0.88
24	单位 X	1.62	0	7.06	0	0	23	0.92
25	单位 Y	1.60	0	6.65	0	0	24	0.96
26	单位 Z	1.20	0	0.00	0	0	25	1.00
最大值		7.18	平均值	42.67%		平均值		0.50
最小值		1.20				k 值		0.04

　　将被评价数据和归一化后的指标特性分别用图 5-1 和图 5-2 表示，可以看出该组数据基本呈线性排列且归一化前后变化不明显。

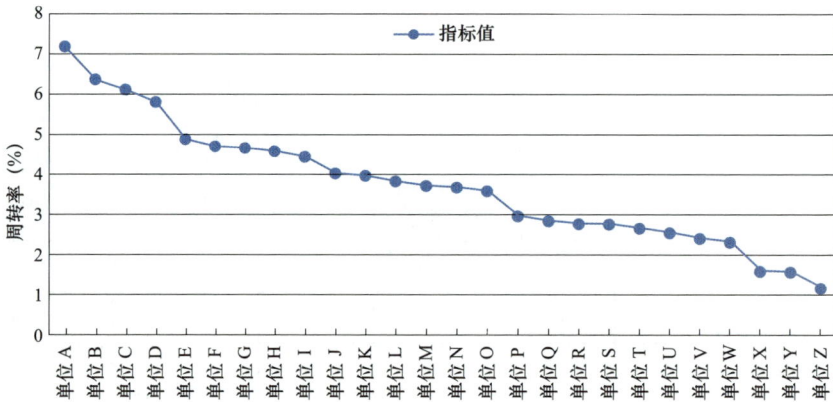

图 5-1　"流动资产周转率"指标特性

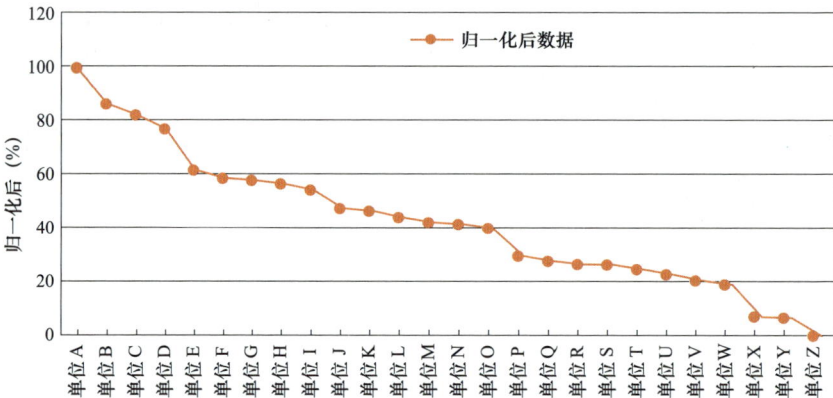

图 5-2　"流动资产周转率"用线性归一化后的指标特性

实例 2：用凸效应归一化方法计算。

某季度"EBITDA 利息覆盖率"指标得分计算过程见表 5-12，其中"算法 0"表示用传统的正态分布或五分位法对该组数据进行评价，"算法 2"表示用凸效应归一化方法对该组数据进行处理。

先对数组 X 进行处理：$M = \ln(X)$，$Y = \dfrac{M - E}{S}$

其中，E 是数组 M 的平均值，本例 $E = 2.26$

S 是数组 M 的标准差，本例 $S=0.69$

$$Q_2 = \frac{Y_i - Y_{\min}}{Y_{\max} - Y_{\min}} \times 100\%$$

式中　Y_i——数组中的各项数据；

　　　$Y_{\min}$——本组数据中的最小值，本例 $Y_{\min} = -1.4666$；

　　　$Y_{\max}$——本组数据中的最大值，本例 $Y_{\max} = 2.4850$；

计算数组 Q_2 的平均值 $E_2 = 37.11\%$，即 0.3711。

因 E_2 满足 $0 \leqslant E_2 < 0.4$ 条件（凸效应归一化），所以可以用正态分布或五分位法对 Q_2 数据进行评价。从评价结果来看，归一化以后的评价得分与没有归一化的结果有 9 个单位相差 1 分。

表 5-12　凸效应归一化计算"EBITDA 利息覆盖率（%）"段位分比较

序号	单位	算法 0 正态分布或五分位法		算法 2 凸效应归一化			评分结果	
		指标值（x）	段位分	$M=\ln(x)$	凸效应参数（Y）	归一化结果 Q_2（%）	Q_2 段位分	与算法 0 比较
1	单位 A	52.94	4	3.9692	2.4850	100.00	4	0
2	单位 B	52.94	4	3.9692	2.4850	100.00	4	0
3	单位 C	30.89	4	3.4306	1.6998	80.13	4	0
4	单位 D	15.99	4	2.7721	0.7400	55.84	3	1
5	单位 E	14.06	4	2.6431	0.5519	51.08	3	1
6	单位 F	13.20	4	2.5799	0.4597	48.75	3	1
7	单位 G	10.84	3	2.3831	0.1729	41.49	2	1
8	单位 H	10.78	3	2.3775	0.1647	41.28	2	1
9	单位 I	10.45	3	2.3464	0.1194	40.14	2	1
10	单位 J	10.34	3	2.3362	0.1046	39.76	2	1

续表

序号	单位	算法 0 正态分布或五分位法		算法 2 凸效应归一化			评分结果	
		指标值（x）	段位分	$M=\ln(x)$	凸效应参数（Y）	归一化结果 Q_2（%）	Q_2 段位分	与算法 0 比较
11	单位 K	10.23	3	2.325 5	0.089 0	39.37	2	1
12	单位 L	9.95	3	2.297 9	0.048 7	38.35	2	1
13	单位 M	9.09	2	2.207 6	−0.082 8	35.02	2	0
14	单位 N	9.08	2	2.206 6	−0.084 4	34.98	2	0
15	单位 O	8.52	2	2.142 5	−0.177 8	32.61	2	0
16	单位 P	8.21	2	2.105 4	−0.231 9	31.25	2	0
17	单位 Q	7.12	1	1.962 4	−0.440 2	25.97	1	0
18	单位 R	6.97	1	1.941 3	−0.471 1	25.19	1	0
19	单位 S	6.83	1	1.921 1	−0.500 5	24.45	1	0
20	单位 T	6.30	1	1.840 8	−0.617 6	21.49	1	0
21	单位 U	5.80	1	1.757 3	−0.739 4	18.40	1	0
22	单位 V	5.47	1	1.698 7	−0.824 6	16.25	1	0
23	单位 W	4.58	0	1.521 3	−1.083 3	9.70	0	0
24	单位 X	4.56	0	1.516 8	−1.089 9	9.53	0	0
25	单位 Y	3.92	0	1.365 3	−1.310 7	3.95	0	0
26	单位 Z	3.52	0	1.258 3	−1.466 6	0.00	0	0
	最大值		—	2.48		—	—	—
	最小值		—	−1.47		—	—	—
	平均值		2.26		—	37.11	—	—
	标准差		0.69		—	—	—	—

将被评价数据和归一化后的数据用图形表示，见图 5−3，可以看出该

指标呈凹形排列，用凸效应归一化后，凹形排列明显改善。

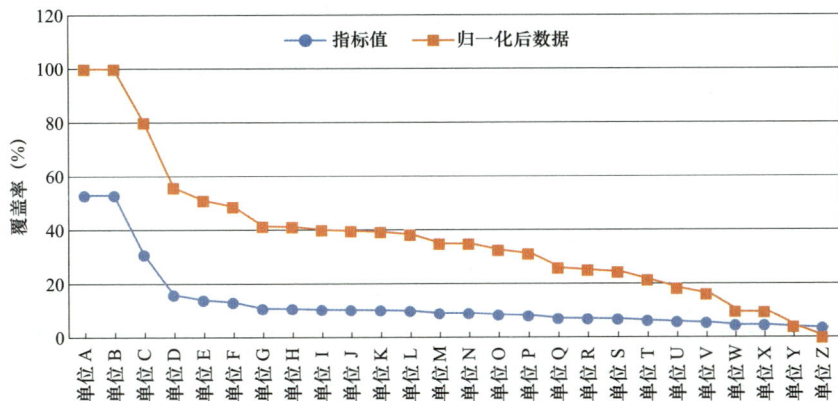

图5-3　"EBITDA利息覆盖率"指标特性处理前后对比

实例3：用凹效应归一化方法计算。

某季度"当年电费回收月均水平"指标得分计算过程，见表5-13，其中"算法0"表示用传统的正态分布或五分位法对该组数据进行评价，"算法3"表示用凹效应归一化方法对该组数据进行处理。

先对数组 X 进行处理，$M=X^2$，$Y=\dfrac{M-E}{S}$

其中，E 是数组 M 的平均值，本例 $E=9892.05$

S 是数组 M 的标准差，本例 $S=108.48$

$$Q_3=\frac{Y_i-Y_{\min}}{Y_{\max}-Y_{\min}}\times100\%$$

式中　　Y_i——数组中的各项数据；

$Y_{\min}$——本组数据中的最小值，本例 $Y_{\min}=-1.872$；

$Y_{\max}$——本组数据中的最大值，本例 $Y_{\max}=0.995$；

计算数组 Q_3 的平均值 $E_3=65.29\%$，即 0.6529。

表 5-13 用凹效应归一化计算"当年电费回收月均水平（%）"段位分比较

序号	单位	算法 0 正态分布或五分位法		算法 3 凹效应归一化			评分结果	
		指标值（x）	段位分	$M=X^2$	凹效应参数（Y）	Q_3（%）	Q_3 段位分	与算法 0 比较
1	单位 A	99.999 98	4	9999.996	0.995	100.00	4	0
2	单位 B	99.985 63	4	9997.127	0.969	99.08	4	0
3	单位 C	99.954 83	4	9990.969	0.912	97.10	4	0
4	单位 D	99.933 80	4	9986.765	0.873	95.75	4	0
5	单位 E	99.932 01	4	9986.406	0.870	95.63	3	1
6	单位 F	99.928 47	3	9985.699	0.863	95.40	3	0
7	单位 G	99.917 55	3	9983.517	0.843	94.70	3	0
8	单位 H	99.905 03	3	9981.016	0.820	93.90	3	0
9	单位 I	99.902 85	3	9980.579	0.816	93.76	3	0
10	单位 J	99.847 89	3	9969.602	0.715	90.23	3	0
11	单位 K	99.823 89	2	9964.809	0.671	88.69	2	0
12	单位 L	99.722 38	2	9944.554	0.484	82.17	2	0
13	单位 M	99.691 76	2	9938.448	0.428	80.21	2	0
14	单位 N	99.606 35	2	9921.425	0.271	74.74	2	0
15	单位 O	99.464 48	2	9893.182	0.010	65.65	2	0
16	单位 P	99.424 45	2	9885.221	−0.063	63.09	2	0
17	单位 Q	99.415 16	1	9883.374	−0.080	62.50	1	0
18	单位 R	99.365 42	1	9873.487	−0.171	59.32	1	0
19	单位 S	99.342 73	1	9868.979	−0.213	57.87	1	0
20	单位 T	99.274 77	1	9855.480	−0.337	53.53	1	0
21	单位 U	98.967 81	1	9794.628	−0.898	33.96	1	0
22	单位 V	98.586 65	1	9719.328	−1.592	9.75	1	0
23	单位 W	98.543 84	0	9710.888	−1.670	7.04	0	0
24	单位 X	98.487 65	0	9699.817	−1.772	3.48	0	0
25	单位 Y	98.432 71	0	9688.998	−1.872	0.00	0	0
26	单位 Z	98.432 71	0	9688.998	−1.872	0.00	0	0
		最大值	—	0.995	—	—	—	—
		最小值	—	−1.872	—	—	—	—
		平均值	9892.05		65.29			
		标准差	108.48	—	—	—	—	—

因 E_3 满足 $0.6 \leqslant E_3 \leqslant 1$ 条件（凹效应归一化），所以可以用正态分布或五分位法对 Q_3 数据进行评价。从评价结果来看，归一化以后的评价得分与没有归一化的结果有 1 个单位相差 1 分。

将被评价数据用图 5-4 表示，归一化后的数据用图 5-5 表示，可以看出该指标呈凸形排列，用凹效应归一化后，凸形排列明显改善。

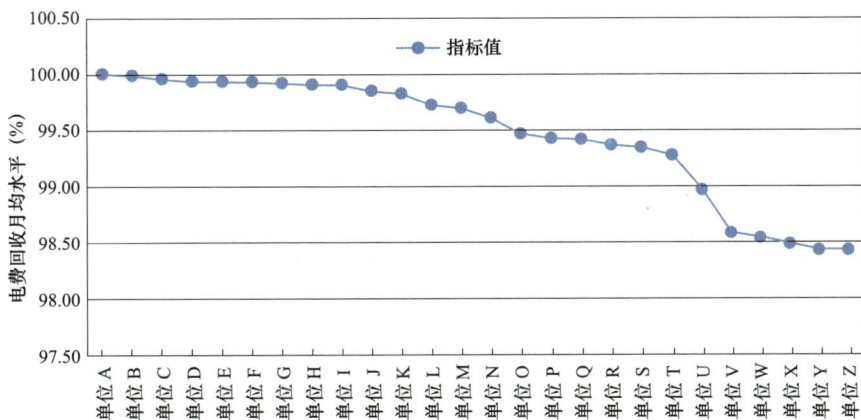

图 5-4　"当年电费回收月均水平"指标特性

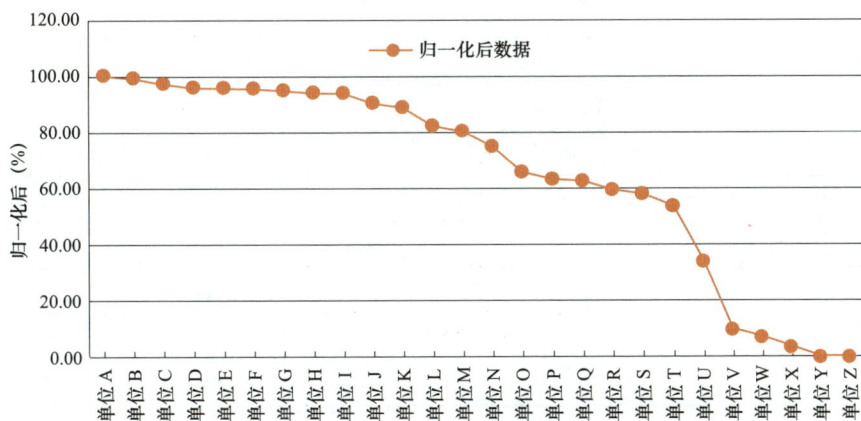

图 5-5　"当年电费回收月均水平"用凹效应归一化后的指标特性

三、线性加权法

利用上述方法对单个指标进行评价后，不管是分段评分还是插值评分，每个指标都会得到统一格式的评价得分率。在对标工作中，有时希望看到多个指标组成的评价模块或专业的整体得分情况（如专业得分、综合得分），这就需要利用线性加权法，通过合并统计模块或专业中各项指标评价得分率与该指标权重的乘积，以此来进行模块或专业对标评价。

线性模型公式：

$$y = \sum_{j=1}^{m} W_j \times x_j$$

其中，y 为某一模块或专业的评价得分，x 为单项指标的评价得分率，W 为该项指标的权重。

例如：某单位安全管理专业共评价 6 项指标，应用分段评价法得到单项指标评价值如表 5-14 所示。

表 5-14   某单位安全管理各项指标段位得分

序号	指标名称	指标权重	段位得分
1	电网安全风险预警工作评价指数	10.50	4
2	《安规》调考评价指数	14.00	4
3	安全隐患排查治理工作评价指数	14.00	2
4	质量事件评价指数	10.50	4
5	电能质量在线监测指数	14.00	3
6	作业安全风险管控工作评价指数	7.00	3
	合计	70.00	57.75

安全管理专业满分 70 分，各项指标权重见表 5-15。该单位安全专业

评价实际得分为

$$(10.5\times4+14\times4+14\times2+10.5\times4+14\times3+7\times3)\div4=57.75\,（分）$$

这种计算实际上是指标权重数列和段位分数列的乘积之和，也可以利用 Excel 电子表格中自带的 SUMPRODUCT（array1，array2）函数进行计算。计算得分的公式：=SUMPRODUCT（array 指标权重，array 段位分）÷4。因为每个指标评价的段位满分为 4 分，公式中除以 4 得到该指标的得分率。

四、得分计算方法

对标得分计算包括指标得分计算、专业得分计算、综合得分计算等多个层级。

（一）指标得分计算

基本的指标评价工具有多种，常见的指标评价工具有正态分布法、五分位法、阈值分位法等。指标按照评价方法评价后得到的是段位分，是得分率计算的支撑因子，得分率乘以权重即为指标的实际得分。

按照正态分布法（或五分法）评价的指标，通过评价后可将各单位的指标分 A、B、C、D、E 共 5 个段位，分别对应的段位分为 4 分、3 分、2 分、1 分、0 分。如果评价段位处于 A 段，也就是满分，得分率就是 100%。同理，如果评价段位处于其他段位，如 C 段，对应的段位分为 2 分，则该指标评价得分率为 $2\div4\times100\%=50\%$。单个指标评价的得分率计算公式为

$$单项指标评价得分率=\frac{评价段位分}{4}\times100\%$$

单项指标评价实际得分=指标权重×指标评价得分率

实例：指标得分计算。

公司对 10 家地市供电公司资产优良和业绩优秀两类共 7 个指标按正态分布法或五分位法评价，评价数据见表 5-15。

表 5-15　　　　　　　10 家地市供电公司两类业绩指标对标评价

序号	类别	对标指标	类别	权重	单位A	单位B	单位C	单位D	单位E	单位F	单位G	单位H	单位I	单位J
1	资产优良	单位资产售电收入	指标值	15	0.42	0.32	0.22	0.29	0.2	0.25	0.28	0.21	0.24	0.22
			段位分		4	3	1	3	1	2	2	1	1	1
			得分		15	11.25	3.75	11.25	3.75	7.5	7.5	3.75	3.75	3.75
2		营业收入平均增长率	指标值	15	6.61	9.21	5.8	8.97	6.84	7.84	7.25	13.81	5.24	7.57
			段位分		1	4	0	3	1	3	2	4	0	2
			得分		3.75	15.00	0	11.25	3.75	11.25	7.50	15.00	0	7.50
3		有效资产增长率	指标值	10	9.51	2.99	7.38	3.45	−0.85	1.74	1.45	3.80	−2.04	6.35
			段位分		4	2	4	2	0	1	1	2	0	3
			得分		10.00	5.00	10.00	5	0	2.50	2.50	5.00	0	7.50
		资产优良得分			28.75	31.25	13.75	27.50	7.50	21.25	17.50	23.75	3.75	18.75
		资产优良得分率（%）			71.88	78.13	34.38	68.75	18.75	53.13	43.75	59.38	9.38	46.88
		资产优良排名			2	1	8	3	9	5	7	4	10	6
1	业绩优秀	电网资产运维成本增长率	指标值	15	−35.92	−29.77	28.16	−25.46	−21.82	−18.8	−15.63	−31.68	0.30	0
			段位分		4	3	0	3	2	1	1	4	0	4
			得分		15.00	11.25	0	11.25	7.50	3.75	3.75	15.00	0	15.00
2		EBITDA利润率	指标值	20	27.04	26.63	14.64	23.33	7.85	18.39	17.18	12.23	12.42	11.39
			段位分		4	4	1	3	0	2	2	1	1	1
			得分		20	20	5	15	0	10	10	5	5	5
3		边际贡献增长率	指标值	15	23.32	25.39	21.49	20.51	17.83	18.26	21.27	33.59	27.66	29.21
			段位分		2	2	1	1	0	0	1	4	3	4
			得分		7.50	7.50	3.75	3.75	0	0	3.75	15.00	11.25	15.00

续表

序号	类别	对标指标	类别	权重	单位A	单位B	单位C	单位D	单位E	单位F	单位G	单位H	单位I	单位J
4	业绩优秀	经营贡献度	指标值	10	11.63	5.95	0.26	2.87	−0.9	0.84	1.36	−0.63	−0.61	−1
			段位分		4	4	2	3	0	2	3	1	1	0
			得分		10	10	5	7.5	0	5	7.5	2.5	2.5	0
		业绩优秀得分			52.50	48.75	13.75	37.50	7.50	18.75	25.00	37.50	18.75	35.00
		业绩优秀得分率（%）			87.50	81.25	22.92	62.50	12.50	31.25	41.67	62.50	31.25	58.33
		业绩优秀排名			1	2	9	3	10	7	6	3	7	5
	合计得分				81.25	80.00	27.50	65.00	15.00	40.00	42.50	61.25	22.50	53.75
	合计得分率（%）				81.25	80.00	27.50	65.00	15.00	40.00	42.50	61.25	22.50	53.75
	合计排名				1	2	8	3	10	7	6	4	9	5

现以表中第一个指标"单位资产售电收入"为例计算该指标各单位的实际得分。

表中，该指标权重为 15，即实际满分为 15 分。单位 A 的指标评价处于 A 段，实际得分为 15×（4÷4）＝15 分。该算式中，第一个数"15"为指标权重，第二个数"4"为单位 A 的段位分，第三个数 4 为满分的段位分。同理，单位 B 的指标评价处于 B 段，得 3 分，实际得分为 15×（3÷4）＝11.25 分。

（二）专业得分计算

专业得分是该专业的所有指标实际得分之和，计算公式为

$$专业得分 = \sum 专业内各指标实际得分$$

$$专业得分率 = \frac{专业得分}{\sum 专业内参评指标权重} \times 100\%$$

计算专业得分涉及指标的权重和所处的段位，可利用 Excel 的数组或

区域乘积的和公式计算专业得分，即

$$专业得分 = \frac{SUMPRODUCT(指标权重数组，指标段位分数组)}{4}$$

例如：仍以表 5-15 的数据为例，计算单位 A 资产优良专业的得分。单位 A 的资产优良专业得分=15+3.75+10=28.75 分。因为资产优良专业 3 个指标的权重分别为 15、15、10，即该专业满分为 40 分，单位 A 该专业的得分率：28.75÷40×100%=71.88%。

（三）综合得分计算

综合得分是指各专业得分之和，也是所有指标得分之和，计算公式为

$$综合得分 = \sum 专业得分 或 \sum 所有参评指标的得分$$

$$综合得分率 = \frac{综合得分}{\sum 所有参评指标的权重} \times 100\%$$

例如：仍以表 5-15 的数据为例，计算单位 A 综合得分。综合包括资产优良和业绩优秀两个专业,总权重100分,单位A资产优良专业得分28.75分，业绩优秀专业得分 52.5 分，综合得分：28.75+52.5=81.25 分，得分率：81.25÷100×100%=81.25%。

第三节　评价结果应用

评价结果的应用主要有三个方面：一是为对标管理部门报告公司对标具体情况，提供决策参考，确定异动内容；二是为各部门指明差距、最佳实践和持续改进方向，指导专业管理部门虚心地学习先进，奋力赶超先进；三是为下属单位指出管理上的不足，指明提升的重点，有效集中力量加强整改。

一、内部对标结果评价

内部对标结果评价包括地市供电公司、专业机构等电网业务对标评价。其中，地市供电公司对标评价结果包括基础评价、业绩评价、管理评价等内容，专业机构对标结果只有综合评价。公司定期通报对标指标完成情况及评价结果，各级单位自行组织开展下级单位、基层班组的对标评价，定期通报评价结果。

（一）基础评价

基础评价主要目的是综合分析各单位综合和业绩评价排名与其基础评价排名是否相匹配，达到客观评价各单位管理水平和努力程度的目的。鉴于管理对标主要评价各专业管理的规范性和成效，受地方经济发展水平、历史原因等因素影响较小，管理评价排名与基础评价排名不作对比分析。

在评价标准上，综合考虑指标水平的波动性和指标评价的准确性，以各单位基础评价排名为基准，若某单位综合或业绩评价排名与基础评价排名基本相同，认为其综合或业绩水平与发展基础基本匹配；若某单位综合或业绩评价排名比基础评价排名高出较多，认为其通过自身管理努力，取得了比发展基础更高的指标水平；若某单位综合或业绩评价排名比基础评价排名低出 2 名以上，则认为其需进一步加强管理。

（二）业绩评价

业绩评价是根据指标体系所确定的业绩对标指标及其权重和评价方法，对各单项指标进行评价并计算得分。某单位全部业绩指标得分总分即为该单位的业绩评价得分。

（三）管理评价或专业评价

管理评价是根据指标体系所确定的管理对标指标及其权重和评价方

法，对各单项指标进行评价并计算得分。某单位全部管理指标得分总分即为该单位的管理评价得分。若指标体系中，管理对标的各指标还划归了不同专业，如安全专业、营销专业等，可进一步计算专业内所有指标的评价得分作为专业得分。

（四）综合评价

综合评价是业绩评价得分与管理评价得分之和，反映各单位对标总体情况。

（五）标杆确定

选取评价得分较高的单位作为标杆。标杆分为综合标杆、业绩标杆和管理标杆、专业标杆 3 个层次。在标杆设置数量的确定上，可根据被评价单位总个数来确定，一般综合标杆、业绩标杆和管理标杆的数量按被评价单位总数的 30% 确定，专业标杆按被评价单位总数的 20% 确定。

在标杆单位的确定中，对于当年发生电力生产人身死亡、农电人身死亡、本单位有责任的外包及其他人身死亡、五级及以上有责任的电网或设备事故、六级及以上有责任的信息系统事件、公司认定的造成重大社会影响的事件和指标真实性存在严重问题的单位，取消其评选综合标杆、业绩（管理）标杆及相应专业标杆的资格。

每年根据具体情况，对于业绩评价排名低于基础评价排名 2 名以上的单位，取消其评选业绩标杆的资格。

二、外部对标结果评价

外部对标结果评价是主动对标的一种体现，是根据自身指标完成情况，选取部分指标与外部标杆企业的指标评价后对比分析，以更高的目标确定薄弱环节，提出改进意见，制定提升措施，为公司发展、领导决策、管理提升提供支撑。一般来说，与外部对标的单位应是公司内部对标成绩较好的单位。

（一）企业选择

外部企业可根据自身实际情况进行选取，一般选取规模与自身大致相同的企业。各省会城市的大型供电公司可选择国外对等的供电企业，各地市供电公司可选取外省优秀的地市供电公司。在选取外部企业时，应选取多个企业，因为一个指标只有多个数据才能开展对标评价。

（二）指标评价

与外部企业评价涉及多个指标，应先科学制定评价体系，合理分配指标权重和选择评价方法。除此以外，外部企业与公司内部管理模式不一定相同，指标数据的统计口径、计算方法不一定一致，因此必须先对收集到的外部企业的数据筛选处理，按照统一的统计口径和计算方法重新生成指标数据。

指标的评价方式可与内部对标评价方式相同，但受客观因素的限制，往往只能收集到少数几个外部企业的数据，有时不能满足正态分布，在选择指标评价工具时可选择分位数法。分位数是将参评公司的指标数据按大小顺序排列后，按等分位法评价。

第六章

对标诊断分析及
改进提升

对标诊断分析主要包括月度指标预警、季度和年度指标分析、灵敏度分析等。通过诊断分析及时发现对标过程中存在的问题，加强专业协同，促进指标改进提升。

第一节　诊断分析流程

对标诊断分析的目的是找出问题、挖掘潜力、改进提升。一是以对标评价结果为引导，以系统自动采集为手段，以协同控制为抓手，编制指标监测方案，持续监控异动指标，同步实施异动闭环管理。二是拆分复合型指标，细化指标计算因子，明确因子数据来源，建立因子监测模型，并通过信息系统实时抽取因子，常态开展因子监测，找出影响指标提升的关键因子。三是对专业管理的交叉地带、薄弱环节、管理盲区重点监控，打通业务管理的关键环节，实现重点业务纵向贯通、横向协同，进一步提高部门协作效率。

一、诊断分析基本流程

在对标管理各环节中，诊断分析是对标管理人员的基本技能，也是对标管理提升的基础所在。诊断分析的全面性、深入性和引导性直接影响了公司领导的决策方向、部门工作的重点确定和各单位的措施制定。由于不同的对象对分析内容的需求不同，同一数据源将诊断成不同的分析报告。在开展诊断分析时，需打破不分对象的分析模式，注重分析的针对性，因人而异编制不同的分析模板。以业务流程为主线，紧密结合指标管理工作实际和专业工作要求，找准部门间共同协作提升的切入点，整合力量激发提升效果，见图6-1。

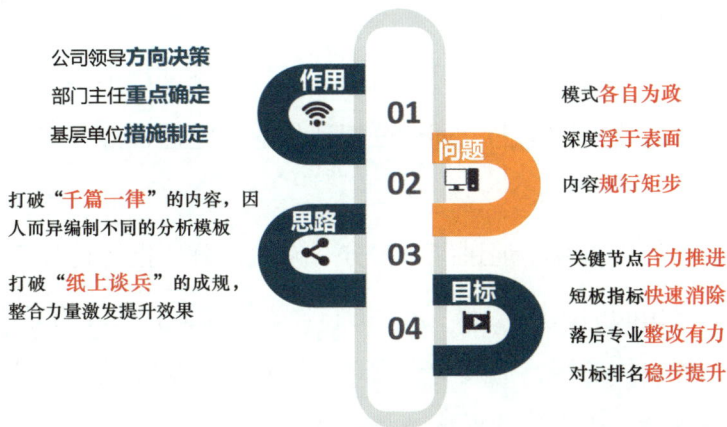

图6-1　诊断分析思路

考虑到企业的经营管理工作成效既受地方经济基础和市场规模的制约，也受自身主观努力和历史客观原因的影响，诊断分析方式既要找出问题的实质，又要找准问题的关键，确定主观努力的重点。

诊断分析按多个不同的流程开展。一是按管理层级的流程开展。这种方式主要针对多个指标共同分析，可分为公司综合分析、专业管理部门分析、下属单位分析等，逐层查找问题和原因。二是按业务流程开展。这种方式主要针对具体的单个指标专题分析，按照业务流程，逐层梳理各环节的原因，找出影响指标的关键环节。

二、诊断分析方向

诊断分析主要从六个方面开展。

一是分析对标形势，根据对标体系的变化、自身优势和弱项指标数量的占比变化、经营情况的发展等，分析对公司对标评价结果的影响，明确重点提升和改进方向；

二是分析对标评价范围，针对月度、双月、季度、半年、年度评价体系中各指标评价比例的不同，通过分析评价的完整性找准公司整体在全部参评单位中的真实水平；

三是分析评价得分，通过综合得分、专业得分、指标得分比较，找出公司与先进单位间的差距，确定提升的目标，明确重点提升的专业和指标；

四是分析具体指标，通过与先进单位比较、与目标计划比较、与上年同期和年度比较，找准指标发展趋势，确定重点分析指标，制定具体的提升措施；

五是分析关键因子，找出影响单个指标的重要环节或影响多个指标的共同因子，确定共同提升的措施；

六是分析下属单位，根据延伸指标管理开展的分析，找出影响公司对标结果的主要单位，重点开展对标波动原因分析。

诊断分析的结果尽量以最直接的方式展现。由于对标评价沉淀的历史数据和不断涌现的新数据，数据量不仅呈现海量趋势，而且更新迭代的频率较快，运用可视化分析方法，采用各种图表呈现给管理者，使其直观掌握现状，发现问题和差距，兼顾变化与视觉效果，甚至可运用智能工具软件（例如 Tableau）实现交互操作。

实例：某地市供电公司对标指标诊断分析。

某地市供电公司对标指标共有 145 个，2019 年以来省公司共发布过 6 次评价结果，共评价过 121 个指标，各指标评价进展情况如下。

（1）2019 年未评价或虽已评价但各单位都未拉开差距的指标有 47 个，占比 32.41%。其中，该单位在 2018 年年底对标中处于 C 段及以下指标（运检部负责的"配网架空线路网架合理率"指标处于 E 段，人资部负责的"竞赛及调考成绩"指标处于 C 段）有 2 个。要摸清这类指标进展状况，找准指标在该单位的真实水平，力争在年底对标中处于优势。各部分负责指标情况：安监部 9 个，运检部 8 个，调控中心 5 个，财务部和发展部各 6 个，人资部、物资中心、营销部和运监中心各 3 个，信通分公司 1 个。

（2）该单位评价一直处于 A 段（不含未拉开差距的指标）或 B 段的优势指标有 42 个，占比 28.97%。这类指标要严密管控，确保在年底对标中继续保持优势，各部分负责指标情况：运检部 8 个，营销部 7 个，建设部和信通分公司各 5 个，安监部和发展部各 4 个，调控中心 3 个，财务部和物资中心各 2 个，办公室和运监中心各 1 个。

（3）该单位评价一直处于 C 段的指标有 5 个，占比 3.45%。这类指标受客观因素影响较大，在年底前提升的空间不大。

（4）到目前为止该单位评价仍处于 D 段和 E 段的短板指标有 11 个，

占比 7.59%。这类指标要尽量加快提升，即使指标只能从 E 段升到 D 段仍处于短板，但也为公司对标争分作出贡献，特别是权重较大的指标要强力攻关，各部分负责指标情况：营销部 3 个，安监部和人资部各 2 个，财务部、发展部、物资中心和运检部各 1 个。

（5）该单位评价所处段位忽高忽低的指标有 40 个，占比 27.59%，这些指标在 9 月评价中处于 A 段的只有 6 个，其余的 34 个都具有一定的提升空间。这类指标是该单位年底对标争分的重点，应全面加强提升，各部分负责指标情况：发展部 9 个，营销部 8 个，财务部和人资部各 6 个，运检部 3 个，建设部、物资中心、信通分公司各 2 个，调控中心和安监部各 1 个。

三、分析数据的收集

收集分析数据包括五方面内容。

一是上级公布的公司对标数据和公司评价下属单位的对标数据，除收集当期评价数据外，还需收集上年同期、年度等历史数据，为指标发展趋势分析提供依据。

二是各部门和下属单位的指标分析报告，为公司弱项指标分析提供参考。

三是各部门的工作总结和相关专业分析报告，全面查找专业管理深层次的问题，结合实际有针对性地制定提升措施。

四是收集信息系统抽取的数据，为指标关联分析和关键因子查找提供数据支撑，不断扩展分析的深度。

五是收集地方经济发展指标数据，不断扩展分析的广度。

在收集分析数据时，需根据定义及计算公式对指标进行拆分，将各级分项因素作为该指标的影响因子，对多个指标共同的因子进行聚类。积累历史分析数据，通过建立指标及指标因子数据库，助力公司和各单位根据自身特点深入展开分析。

第二节　月度指标预警

针对月度诊断分析发现的问题，对标管理部门根据指标的重要程度、提升难易程度、历史变化情况，启动不同的管控流程，将问题指标划分为不同类别，如关注提升指标、重点整改指标等，并通过不同层级的预警平台发布预警通知书或专项督办单。部分指标管理涉及的部门较多，可按照"谁牵头、谁组织、谁反馈"原则，组织各相关部门根据预警内容编制指标提升路线图，明确整改措施、时间节点、责任人，细化任务、明确分工、落实到人。

一、预警范围和原则

根据指标的进展情况，采取与目标比、同比、环比等方式，设置不同的预警阈值，对越限的指标实施预警，强化过程监督和管理。月度预警的范围可结合自身情况确定，如对评价结果处于短板的指标、与历史比滑坡明显的指标、与目标差距较大的指标等。有部分指标虽然评价处于短板，但与地方经济、售电结构、历史原因等因素密切相关，短时间内难以提升，不需将这些指标纳入预警范围。

若需精确预警指标，可基于方差理论，用"优劣系数"来定量区分优劣指标。

$$s^2 = \frac{\sum_{i=1}^{n}(x_i - x_0)^2}{n-1}$$

其中，s^2 为优劣系数，x_0 为公司在这一指标上的得分数据，x_i 为在这一指标上得分紧挨着公司且差（优）于公司的 n 家单位得分数据，n 可进行选择调整。

用"离散系数"来表征指标提升难易度。

$$CA = \frac{\delta}{\mu}$$

其中，CA 为离散系数，标准差 δ 是指标得分值方差的算术平方根，μ 是指标得分的平均值。

二、预警方式

根据诊断分析结果，可将指标划分为优势指标、居中指标、短板指标及不可控指标四大类。对优势指标通过分析总结，提炼成最佳实践并加以推广巩固，确保其领先地位；对居中指标具体分析，发掘存在的潜力，确保指标稳中有升；对短板指标着重展开分析，发现自身与该项最优指标的差距，在剔除不可比因素后，重点剖析管理偏差、流程滞后等主观因素。通过巩固优势指标，强化劣势指标，实现整体指标优化，以指标提升促进管理改进，以优化管理促进指标提升，对居中指标和短板指标均可实施预警。

指标预警根据数据劣化程度分为黄色（三级）、橙色（二级）和红色（一级）共三级预警。指标预警级别和划分标准可根据各单位自身情况进行设定，基础条件不同的单位设定的标准可以不一样，既可用最原始的指标值排名来设定，也可用评价后的指标得分率或得分排名来设定。

按正态分布评价的指标，评价后段位得分 0 分（E 段）～4 分（A 段），可根据评价结果，将得 0 分（E 段）的指标划为红色预警，得 1 分（D 段）的指标划为橙色预警，得 2 分（C 段）的指标划为黄色预警；也可根据指标评价结果同比情况设定预警区间，对同比下滑 3～4 分划为红色预警，下滑 2 分划为橙色预警，下滑 1 分划为黄色预警；还可根据指标得分同比下滑程度情况对预警级别划分，这时指标需与其权重关联，在下滑同样的段位时，权重越大的指标预警级别越高。

实例：指标预警。

对某地市供电公司指标，根据上述原则列出预警级别见表 6-1。

表 6-1　　　　　　　　　　某地市供电公司指标预警

编号	对标指标	权重	本期段位分	同期段位分	段位分同比	预警
1	指标 A	15.750	0	4	-4	红色
2	指标 B	7.875	0	3	-3	红色
3	指标 C	6.875	1	4	-3	红色
4	指标 D	12.150	1	3	-2	橙色
5	指标 E	5.500	2	3	-1	橙色
6	指标 F	4.400	2	4	-2	橙色

对受到黄色预警的部门，由部门负责人在公司月度工作例会上说明原因；对受到橙色预警的部门，由部门负责人向公司分管领导说明情况；对

受到红色预警的部门，由部门负责人向公司主要领导说明情况。

三、预警后跟踪督办

建立预警管控机制，以指标的预警管控为重点，突出过程控制和流程梳理，明确预警管控的组织机构、管控职责以及预警处置流程和关键控制点。此外，还可针对监测发现的异动指标，按照"异动分析—异动分类—派发预警通知书—业务部门整改—异动闭环验证"的流程，配合数据监测手段，提升预警指标的整改提升效率。

指标预警后启动异动流程实施跟踪督办，动态跟踪指标相关数据及整改措施落实情况。根据指标对评价结果的影响程度，将督办分为一般、重要和重大三个级别，统一发放督办工作单，并按照"分级、处置、关闭"的流程实施闭环管理。一般督办为对标未达到目标计划，但对公司对标影响不大的指标；重要督办为未达到目标计划且同比下滑明显的指标；重大督办为排名落后且权重大的指标。

由对标管理部门编制对标预警通知书，经分管领导签发后通过督办平台发送至相关部门。对因主观原因导致提升乏力、长期落后、持续下滑的重点关注整改指标，由对标管理部门编制对标专项督办单，经公司领导签发后，由办公室督办平台发送至相关部门。

在跟踪督办时，应发挥各级督办平台作用，分层级开展指标预警督办，对存在劣化趋势、指标段位环比下降的关注提升指标，对标管理部门通过建立《对标异动工作单》发起督办任务。一般异动报对标管理部门负责人签发，责任部门在 5 个工作日内反馈处理意见，按期反馈整改方案和处理结果；重要异动提交公司分管领导签发，责任部门在 7 个工作日内反馈处理意见，由责任部门业务负责人审批后按期反馈处理结果和整改方案；重大异动提交公司主要领导签发，由责任部门主要负责人审批后按期反馈整改方案和处理结果。若异动处置成效不明显或整改方案不具体，将升级异动级别，并重新启动异动流程。

第三节　季度和年度诊断分析

诊断分析是为了找差距、找问题、找重点，最基本的方式是通过评价得分和指标段位纵向比较（与历史对标情况比较）、横向比较（与其他单位比较）、目标比较（与公司确定的年度目标比较）、标杆比较（与公司自己确定的标杆单位比较）四种分析方式，建立诊断分析模型。

一、基本分析模式

诊断分析以对标排名为方向，以对标争分为主线，全面分析对标存在的差距和发展趋势，并以主观努力为重点，拆分指标因子，找准指标异动的主客观原因，突出指标失分对公司的影响程度，准确引导提升重点。在全面开展对标诊断分析时，需考虑到指标段位和权重，先以对标得分为主线开展，找出影响公司对标得分的主要专业、重要指标（或因子）。

（一）排名分析

排名结果最直观反映公司对标所处的位置，但无法全面反映公司对标的进步与退步，只有通过将排名情况与历史情况纵向比较，才能从公司整体上分析存在的问题和发展趋势。

实例：排名分析。

对某地市供电公司指标，根据上述原则列出排名分析，见表6-2。

表 6-2 某地市供电公司对标排名分析

序号	专业（方向）	本期排名	上期排名	同期排名	排名环比	排名同比	本期目标
	综合	3	3	4	0	−1	3
1	专业A	5	4	5	1	0	4
2	专业B	2	5	3	−3	−1	3
3	专业C	4	5	4	−1	0	3
4	专业D	1	1	1	0	0	2
…							

（二）评价得分分析

通过排名分析，虽然可以找出公司对标整体发展趋势以及落后的专业，但因不同专业的重要程度不一样、各专业间的评分差距不一样，以致同一排名的专业对公司综合对标排名的影响程度不一样，因此需要进一步开展评价得分分析。

通过评价得分分析，将公司综合得分、各专业得分与参评单位最高分、平均分比较，进一步量化对标差距，确定重点提升的管理专业。评价得分分析除与参评单位最高分、平均分比较差距外，还可结合公司实际，将得分情况与公司排名相邻的单位比较，或与目标单位比较，进一步分析公司对标提升的难度和下滑的容易程度。

实例：专业对标得分差距分析。

对某地市供电公司指标，根据上述原则列出专业对标得分差距分析，见表 6-3。

表 6-3　　　　　　　　　　专业对标得分差距情况

序号	专业	公司得分	最高分	平均分	与最高分比	与平均分比
	综合	884.66	907.24	794.33	−22.58	90.33
1	专业 A	53.63	57.93	52.46	−4.30	1.17
2	专业 B	51.45	57.51	44.34	−6.06	7.11
3	专业 C	70.04	76.26	65.41	−6.22	4.63
4	专业 D	50.34	61.79	47.62	−11.45	2.72
…						

除对综合、专业评价得分分析外，还可针对每个指标的得分情况分析，根据失分大的指标就是重点提升指标的原则，找出影响公司对标得分的主要指标，确定重点提升的指标。

实例：确定重点提升指标。

对某地市供电公司指标，根据失分大的指标就是重点提升指标的原则列出重点提升指标清单，见表 6-4。

表 6-4　　　　　　　　某地市供电公司重点提升指标清单

序号	专业	对标指标	权重	段位分	按权重失分	责任部门
1	专业 A	指标 1	14.00	2	−7.00	部门 1
2	专业 B	指标 2	14.00	2	−7.00	部门 2
3	专业 C	指标 3	7.00	1	−5.25	部门 3
4	专业 D	指标 4	15.39	3	−3.85	部门 4
…						

（三）指标段位分析

指标段位分析是段位分布及变化情况的统计分析，从另一个维度分析对标整体发展趋势，可从指标段位统计分布及变化、指标失分影响等方向分析。

对段位分布情况分析，将分布统计情况与上期、与同期比较，从整体上分析指标所处的位置和变化趋势。

实例：指标段位分析。

对某地市供电公司指标，根据上述原则做好指标段位分析，见表6-5、表6-6。

表6-5　　　　　　某地市供电公司对标指标段位分布情况　　　单位：个

序号	专业	段位分布						评价指标总数
		A 段	B 段	C 段	D 段	E 段	未拉开差距	
	综合	59	34	14	2	1	35	145
1	专业 A	2	2	—	—	1	4	9
2	专业 B	3	2	1	—	—	4	10
3	专业 C	3	5	2	—	—	2	12
4	专业 D	2	3	5	1	—	4	15
5	…							

表6-6　　　　　　某地市供电公司指标段位分布占比变化情况　　　单位：%

序号	专业方向	占比	A 段	B 段	C 段	D 段	E 段
1	综合	本期占比	53.60	30.90	12.70	1.80	0.90
		同期占比	50.50	22.90	21.00	4.80	1.00
		同比变化	3.20	8.10	−8.20	−2.90	0.00
2	专业 A	本期占比	33.30	41.00	20.50	2.60	2.60
		同期占比	47.70	20.50	25.00	4.50	2.30
		同比变化	−14.40	20.60	−4.50	−2.00	0.30

续表

序号	专业方向	占比	A 段	B 段	C 段	D 段	E 段
3	专业 B	本期占比	64.80	25.40	8.50	1.40	0.00
		同期占比	52.50	24.60	18.00	4.90	0.00
		同比变化	12.30	0.80	−9.60	−3.50	0.00

（四）指标得分变化统计分析

以指标为对象，将每个指标评价所处的段位与上期比（或同期比），找出得分变化明显的指标开展深入分析，为确定重点提升指标提供数据支撑。

实例：指标得分变化统计分析。

对某地市供电公司指标，根据上述原则做好指标得分变化统计分析，确定对标得分同比下滑指标清单，见表6-7。

表6-7　　　　　　　　某地市供电公司指标得分同比下滑指标清单

序号	专业	对标指标	权重	本期段位分	同期段位分	段位分同比	按权重同比失分	责任部门
1	专业 A	指标 1	14.00	2	4	−2	−7.00	部门 1
2	专业 B	指标 2	8.10	2	4	−2	−4.05	部门 2
3	专业 C	指标 3	7.20	2	4	−2	−3.60	部门 3
4	专业 D	指标 4	14.00	3	4	−1	−3.50	部门 4
5	专业 E	指标 5	7.00	2	4	−2	−3.50	部门 5
6	专业 F	指标 6	4.20	0	3	−3	−3.15	部门 6
7	专业 G	指标 7	10.80	2	3	−1	−2.70	部门 7

根据全面诊断分析的结果，及时开展重点指标专题分析。专题分析的范围包括纵向比滑坡突出的专业和指标、短板指标等。

（五）指标失分影响分析

失分影响分析是指指标失分对公司对标综合得分的影响程度分析，其失分影响的大小是以该指标的权重（即指标的满分）为目标，分析公司该指标与目标值的差距值，这个差距值越大，该指标失分对公司综合对标得分的影响也越大。

计算每个指标失分影响大小的公式为

$$失分大小 = \left(1 - \frac{指标段位分}{4}\right) \times 权重$$

根据对每个指标计算的失分大小，按从大到小排序，列出其中失分较多的前几个指标重点分析。

实例：指标失分影响分析。

公司半年对标共失分 187.77 分，失分率 21.46%，其中业绩对标失分 91.24 分，失分率 23.48%；管理对标失分 96.53 分，失分率 19.84%。

业绩对标中，单个指标失分最多的是"营业收入三年平均增长率"和"贡献毛益增长率"，均失分 7.88 分，达到对标指标的平均权重；其次是"公司电网投资增售电量"，失分 7.14 分。

管理对标中，单个指标失分最多的是"市场开拓及同期线损管理成效"，失分 8.25 分；其次是"电网规划准确性"，失分 6.29 分；再是"项目与智能用电管理成效"，失分 6.19 分。

指标失分影响分析就是将指标段位与其相应权重关联起来分析，通过计算每个指标失分大小，排除客观因素，突出主观作用，按照指标失分影响程度确定重点提升的指标，见表 6-8。

表 6-8 重 点 提 升 指 标

序号	专业	对标指标	权重	段位	失分	责任部门
1	专业 A	指标 1	14.00	2	-7.00	部门 1
2	专业 B	指标 2	14.00	2	-7.00	部门 2
3	专业 C	指标 3	7.00	1	-5.25	部门 3
4	专业 D	指标 4	15.39	3	-3.85	部门 4
...						

针对重点提升的指标，开展深入分析，找出失分原因，制定提升措施。有些指标因权重较小，虽然失分不多，但因指标排名或评价所处的段位靠后，属于短板指标，也应纳入重点分析范围。

（六）目标完成分析

将每个指标与年初制定的目标（段位目标或排名目标）比较，统计分析目标完成的进度，提醒和督促各管理部门紧盯目标不放松，通过努力实现各自专业、各个指标目标的完成，保障公司综合对标目标的完成。

实例：目标完成分析。

对某地市供电公司指标，根据上述原则做好目标完成分析，确定目标完成率，见表 6-9。

表 6-9 某地市供电公司对标指标目标完成情况统计

序号	责任部门	管理指标数（个）	完成数（个）	未完成数（个）	完成率（%）
1	部门 A	8	8	0	100.00
2	部门 B	8	8	0	100.00
3	部门 C	16	15	1	93.75
4	部门 D	16	14	2	87.50
...					
	合计	145	125	20	86.21

二、深入诊断分析

（一）分解因子分析

大部分指标是由多个因子构成，甚至不同因子还由多个部门共同管理，因此需拆分指标因子，实施指标构成的主因子、分因子、子因子三层（或多层）分解方式。通过理清各个因子的管理部门，找准各个因子的数据来源，收集因子数据并根据指标定义重新计算和评价，借助分析软件找出主观努力的主要因子，深入分析各个因子变化对指标的影响，找准提升的关键，见表6-10。

表6-10　　　"经营贡献度"和"EBITDA利润率"指标因子分解

序号	指标及因子	单位	因子数值	公式说明
一	经营贡献度	%		（利润总额－分摊网公司统购电费＋当年计提的用户资产折旧额）÷（公司利润总额＋公司当年用户资产折旧）
（一）	利润总额	万元		
（二）	分摊网公司统购电费	万元		
1	售电量	万千瓦时		
2	供电线路损失电量	万千瓦时		
3	自购电量	万千瓦时		
4	网公司平均上网电价（含税）	万元/万千瓦时		
（三）	当年计提的用户资产折旧额	万元		
（四）	省公司利润总额	万元		
（五）	公司当年用户资产折旧	万元		
二	EBITDA利润率	%		息税折旧及摊销前利润（EBITDA）÷营业总收入净额
（一）	息税折旧及摊销前利润（EBITDA）	万元		息税前利润＋折旧费＋长期待摊费用摊销＋无形资产摊销

续表

序号	指标及因子	单位	因子数值	公式说明
1	息税前利润	万元		利润总额－分摊网公司统购电费＋财务费用－利息支出
1.1	利润总额	万元		
1.2	分摊网公司统购电费	万元		
1.2.1	售电量	万千瓦时		
1.2.2	供电线路损失电量	万千瓦时		
1.2.3	自购电量	万千瓦时		
1.2.4	网公司平均上网电价（含税）	万元/万千瓦时		
1.3	财务费用——利息支出	万元		
2	折旧费——本期数值	万元		
3	长期待摊费用摊销	万元		
4	无形资产摊销	万元		
（二）	营业总收入净额	万元		

在开展因子分析时，应注重因子的责任落实和提升成效，避免互相推诿的无效分析。首先是选取能够细化分析的指标，且指标因子能够通过管理信息系统提取数据，确定数据在系统数据库中的字段；其次是分析因子，通过系统提取的历史数据分析其波动原因，并明确因子的管理责任，确保责任落实到位；再是分析因子波动对指标段位变化的影响大小，确定重点因子，结合业务实际深入分析，抓好关键提高分析的价值。

（二）特性分析

对指标相应的业务特点和近三年完成水平进行定性分析，将指标划分为优势指标、短板指标、波动指标三类。对优势指标需持续保持，短板指标需重点分析并制定改进措施，波动指标需密切关注、常态监测并及时改进提升。

优势指标、短板指标、波动指标三类应根据指标的评价方法和历史评价结果确定。若是按正态分布评价的指标，可根据其所处的段位划分这三类情况，如将评价处于 A 段的定为优势指标，处于 C 段及以下的评为劣势指标，并根据指标所处的历史段位变化情况确定波动指标。若指标不按分段评价，也可根据指标排名或指标得分排名划分优势、劣势和波动指标。

以某地市供电公司为例，指标按照正态分布评价，分析近三年指标段位变化。

1. 优势指标段位变化

近三年连续处于 A 段的指标为某地市供电公司长期优势指标，共 21 个，其中业绩指标 13 个、管理指标 8 个，见表 6-11。

表 6-11　　　　　　某地市供电公司优势指标段位变化情况

类别	专业	对标指标	权重	段位变化
业绩对标	电网坚强	220 千伏及以上标准化线路比例	4.80	A→A→A
		主网电压合格率	9.60	A→A→A
		输变电系统故障停运平均恢复时间	14.40	A→A→A
	资产优良	流动资产周转率	7.20	A→A→A
		公司资产售电收入	7.20	A→A→A
		退役变压器的平均寿命	4.32	A→A→A
	服务优质	城市用户供电可靠率	14.58	A→A→A
	业绩优秀	人身伤亡（不含电力生产死亡）	5.63	A→A→A
		信息事件数	0.94	A→A→A
		自备电厂管理规范率	1.50	A→A→A
		经营贡献度	8.10	A→A→A
	现代公司	管理创新指数	3.36	A→A→A
		对标工作质量指数	1.44	A→A→A

续表

类别	专业	对标指标	权重	段位变化
管理对标	财务管理	电网基建工程投资预算执行偏差率	3.50	A→A→A
	运行管理	调控运行情况上报率	8.40	A→A→A
		调度纪律执行情况	7.00	A→A→A
		主网设备停电指标	7.00	A→A→A
	检修管理	运检技术精益化管理指数	6.30	A→A→A
		配网不停电作业指数	2.80	A→A→A
	配套保障	小型基建项目管理规范指数	7.00	A→A→A
		后勤依法规范管理指数	7.00	A→A→A

2. 短板指标段位变化

近三年持续处于 C 段及以下的指标为长期劣势指标，共 5 个，全部为管理指标，见表 6-12。

表 6-12　　　　　　　　　　某地市供电公司短板指标段位变化

类别	专业	对标指标	权重	段位变化
管理对标	人资管理	全员绩效管理规范指数	7.00	C→D→C
		福利保障管理规范指数	7.00	E→C→C
		竞赛及调考成绩	14.00	D→C→D
	规划管理	统计工作质量	10.50	D→C→C
	配套保障	科技创新任务完成率	4.20	C→C→C

3. 波动指标段位变化

近三年段位出现随机波动的指标为波动指标，共 11 个，其中业绩指标 3 个、管理指标 8 个，见表 6-13。波动指标的范围也可根据自身情况确定，如将段位波动 2 位及以上的指标定义为波动指标。

表6-13 某地市供电公司波动指标段位变化

类别	专业	对标指标	权重	段位变化
业绩对标	电网坚强	容载比	6.00	E→A→E
	业绩优秀	误操作事件	3.75	A→E→A
	现代公司	科技成果指数	5.04	B→C→A
管理对标	人资管理	教育培训管理规范指数	7.00	C→A→C
	财务管理	财务集约化管理创新发展工作推进情况	49.00	B→A→C
	物资管理	计划管理规范指数	8.40	A→C→B
		物资合同履约完成率	10.50	A→C→B
	建设管理	基建安全管理综合指标	10.50	C→D→A
	运行管理	调控机构工作贡献与工作质量	8.40	A→C→B
	检修管理	变电精益化管理指数	6.30	B→E→B
	配套保障	通信项目建设管理指数	4.20	E→B→D

三、组织实施

开展诊断分析需注重分析层级，实行专业、专题、整体等多级诊断分析制度，由专业管理部门、对标管理部门、分管领导分级找问题、定措施，不断提升专业管理部门的参与度、对标管理部门的协调度。

（1）专业分析，找原因，明责任，强措施。由专业牵头部门组织召开专业分析会，深入分析指标原因，制定详细的指标提升措施和提升计划，明确每个指标的责任人和配合人。当指标提升需要其他部门共同配合完成时，牵头管理部门应同时分析配合部门工作存在的问题，明确配合部门下阶段工作内容和具体要求。

（2）专题分析，找差距，挖潜力，强配合。由对标管理部门组织召开专题分析会，全面分析对标指标存在的差距和发展趋势，明确各部门对标失分对公司的影响程度，并以对标争分为主线，明确重点提升的指标。

（3）整体分析，定方向，传压力，强信心。由对标管理部门申请，公司办公室组织召开对标整体分析会。会议由对标管理部门通报最新对标进展动态，各分管副总经理分析各自管理业务对标情况，总经理决策竞争重点，明确提升方向，强调夺标信心。

第四节　灵敏度分析

为进一步确定所需重点关注的指标，研究指标值变化对评价得分的影响程度，有的放矢做好相应的管控措施，根据指标权重和所处的段位开展灵敏度分析。

一、灵敏度定义

灵敏度是指某方法对单位量变化所致响应量变化的程度，它可以用响应量与单位量变化的比值来描述。指标的灵敏度是指标实际得分与指标值变化的比值，如果灵敏度越大，指标值变化对得分的影响就越大，其计算公式：

$$\delta_i = \frac{\Delta S}{\Delta D}$$

式中：δ_i 为第 i 个指标的灵敏度，ΔS 为第 i 个指标的评价得分变化量，ΔD 为第 i 个指标的指标值变化量。灵敏度计算仅适用于分段评价的指标。

二、灵敏度计算

对标体系确定了指标权重和评价方式，以正态分布或五分位法评价的指标为例，某公司评价的 14 个地市供电公司对标评价数据见表 6−14。

表 6−14　　　　　　　　公司指标段位分位点计算示例

指标	配电线路 N−1 通过率（%）			应付暂估风险率（%）			经营贡献度（%）		
	指标值	段位分	权重得分	指标值	段位分	权重得分	指标值	段位分	权重得分
权重	6.00			6.00			12.00		
单位 A	58.42	4	6.00	51.01	1	1.50	252.64	4	12.00
单位 B	18.44	1	1.50	7.90	3	4.50	25.90	4	12.00
单位 C	30.42	3	4.50	5.18	3	4.50	39.17	4	12.00
单位 D	29.01	2	3.00	7.96	3	4.50	19.94	3	9.00
单位 E	25.51	2	3.00	85.29	0	0.00	24.85	3	9.00
单位 F	15.08	1	1.50	62.21	0	0.00	−5.88	0	0.00
单位 G	12.37	0	0.00	40.58	1	1.50	9.73	2	6.00
单位 H	24.31	2	3.00	5.95	3	4.50	8.58	2	6.00
单位 I	32.54	3	4.50	5.36	3	4.50	16.34	2	6.00
单位 J	26.83	2	3.00	0.56	4	6.00	−4.85	0	0.00
单位 K	22.20	2	3.00	7.02	3	4.50	−2.51	1	3.00
单位 L	13.10	0	0.00	56.09	0	0.00	−0.53	2	6.00
单位 M	34.29	3	4.50	38.78	1	1.50	−3.98	1	3.00
单位 N	13.39	1	1.50	20.15	2	3.00	−17.99	0	0.00
段位	分位点	—	—	分位点	—	—	分位点	—	—
A 段	37.49	—	—	0.94	—	—	25.82	—	—
B 段	29.40	—	—	19.17	—	—	17.02	—	—
C 段	21.44	—	—	37.13	—	—	−0.91	—	—
D 段	13.36	—	—	55.36	—	—	−4.78	—	—

1. 配电线路 $N-1$ 通过率

该指标按正态分布评价的段位分位点分别为 37.49、29.40、21.44、13.36。单位 D 的"配电线路 $N-1$ 通过率"指标值为 29.01，段位分为 2 分。计算单位 D 该指标的灵敏度如下。

如果将段位从 C 段升为 B 段，指标值最少需从 29.01 提升至 29.40，指标值变化 $\Delta D = 29.40 - 29.01 = 0.39$。由于该指标的权重为 6 分，指标得分将提升至 $6 \times 3 \div 4 = 4.5$ 分，得分变化 $\Delta S = 4.5 - 3 = 1.5$ 分，灵敏度 δ_{+1} 为 $(4.5 - 3) \div (29.40 - 29.01) = 3.846$。

同理可计算该指标降低一个段位的灵敏度：

$$\delta_{-1} = (3 - 1.5) \div (29.01 - 21.44) = 0.198$$

从以上灵敏度计算结果可以看出，该指标提升一个段位的灵敏度相对较大，提分相对容易；而降低一个段位的灵敏度相对较小，降分相对较难。

2. 应付暂估风险率

该指标权重为 6 分，各单位的数据符合正态分布且为逆序指标，按正态分布评价的段位分位点为 0.94、19.17、37.13、55.36。单位 D 的"应付暂估风险率"指标值为 7.96，段位为 B 段。计算单位 D 该指标的灵敏度如下。

该指标提升一个段位，即提升至 A 段的灵敏度：

$$\delta_{+1} = (6 - 4.5) \div (7.96 - 0.94) = 0.214$$

同理可计算单位 D 该指标降低一个段位的灵敏度：

$$\delta_{-1} = (4.5 - 3) \div (19.17 - 7.96) = 0.134$$

根据计算，该指标提升一个段位的灵敏度虽然大于降低一个段位的灵敏度，但灵敏度都较小，且差距并不很明显，短时间内指标得分保持稳定。

3. 经营贡献度

该指标权重为 12 分，各单位的数据不符合正态分布，按五分位法评价的段位分位点为 25.82、17.02、−0.91、−4.78。单位 D 的"经营贡献度"指标值为 19.94，段位为 B 段。计算单位 D 该指标的灵敏度如下。

单位 D 该指标提升一个段位即提升至 A 段的灵敏度：

$$\delta_{+1} = （12-9）\div（25.82-19.94）=0.510$$

同理可计算单位 D 该指标降低一个段位的灵敏度：

$$\delta_{-1} = （6-3）\div\left[19.94-（-0.91）\right]=0.144$$

根据计算，该指标提升一个段位和降低一个段位的灵敏度虽然都较小，但降低一个段位的灵敏度明显大于提升一个段位段的灵敏度，因此工作重点应是防止指标下滑。

以上三个指标的灵敏度计算，虽然每个指标变化时，灵敏度越大的就越容易造成得分明显变化，但不同指标之间灵敏度不可以直接相互比较，主要是因为指标值的量级不同，如"配电线路 N−1 通过率"这个指标是百分制，指标值 0～100；"经营贡献度"这个指标值的范围没有限制，评价的数据中单位 A 的指标值高达 252.64，而单位 N 的指标值低到−17.99。为解决此类问题，可先将评价的指标值归一化处理，将所有的指标值处理到 0～100。

对于升段位灵敏度较高的指标，在现有的基础上稍作加强，指标得分就会有明显的上升。各地区的经济特点和电力行业的发展有其自有的特性，部分指标虽然计算得到的灵敏度大，但是因为所处地区的自身特点，使得这些指标值提升难度较大。对于降段位灵敏度较高的指标，在现有的基础上稍微退步，可能就会造成指标得分的明显下降。降段位灵敏度高的指标和升段位灵敏度高的指标同等重要，都有可能因为内部或外部的影响造成得分的较大变化。对于升段位和降段位灵敏度都不高的指标，在现在的基础上虽然会有一定幅度的波动，对评价得分的影响不明显。

第五节　专业协同改进提升

传统的电网企业是典型的塔式组织结构企业。根据现代塔式企业管理经验，组织发展时间越长，部门间分工越细，协同和沟通的难度就越大，这种部门与部门间的协同矛盾被称为"横向顽疾"。

一、协同总体思路

通过在原有塔式纵向管理结构的基础上引入横向协同机制，系统处理有依存关系的复杂工作。在引入协同机制时，应以业务协同为基础，通过全面梳理工作流程，加快建设纵向贯通、横向融合的业务流程体系，提升企业运营管理绩效。

对标工作是一项艰巨复杂的系统工程。对标工作的推进，不能仅仅依靠对标管理部门的推动，应充分发挥各部门相互协同、共同推进的作用；应增强大局观，强化部门之间的通力协作，打破条块分割；应真正形成一级抓一级，齐抓共管的工作局面。

在协同过程中，需从跨部门、跨专业的结合处入手，在业务链的各环节，与专业部门横向协作，和基层单位纵向协同，形成贯穿周、月、季度、年的全面、持续、细致的协同管理机制。在实施过程中，应大力推进专业管理和业务协同的融合，构建横向协同有效运转机制，如图6-2所示，包括定期磋商机制、协同分析机制、异动处理机制和成果评价机制，通过横向协同机制建设，及时发现问题，准确研判问题、协同解决问题。

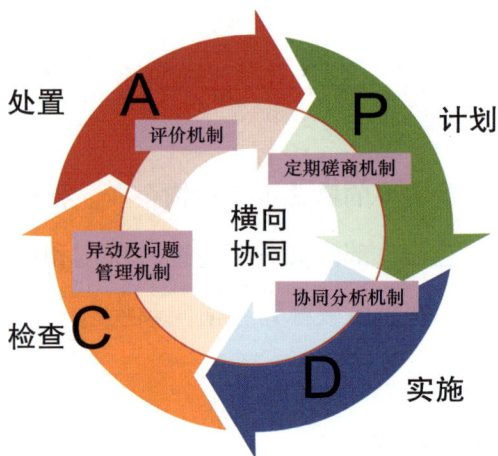

图 6-2　横向协同机制

二、指标及其形成的因子协同

一个指标由多个因子构成，且指标牵头的管理部门和各个因子的管理部门不一定相同，这就需要各部门相互协同。为确保各部门高效协同，由对标管理部门进行组织协调，各需求部门发起协同工作单，分发到相应的配合部门。接到协同工作单的配合部门，在规定的时间内完成协同任务后，将协同反馈工单报对标管理部门，由对标管理部门再反馈到协同发起部门，形成一个协同管理的闭环过程。

在协同过程中，对标管理部门需搭建沟通桥梁，扩展沟通途径，疏导沟通壁垒，通过提升沟通的效果，理顺业务的流程，提高协同的效率，进一步发挥团队的整体力量。一是创造工作氛围，通过潜移默化的沟通和影响，传递优势部门的压力感、落后部门的紧迫感和配合部门的责任感。二是建立沟通机制，建立对标专栏网站、对标信息系统、对标双月例会、季度分析会议等多种沟通联系方式，及时传递对标信息。三是建立协调机制，发挥各指标牵头部门组织管理作用，形成网格化的管理格局，齐力推动指标提升从"单兵作战"向"协同共建"转变。

指标管理部门需履行牵头管理职责，协调配合部门做好指标管控和提升工作，当配合部门配合不力时，以协同工作单形式闭环流转如表 6-15、表 6-16 所示。

表 6-15   对 标 协 同 工 作 单

发单部门（盖章）：

单号		指标（因子）	
接单部门		发单部门负责人签发	
发单时间		发单部门联系人	
协同原因			
协同要求			
备注	1. 工作单实行闭环管控，单号由对标管理部门统一填写。 2. 协同原因和要求都需用数据量化，并说明具体的完成时间。		

表 6-16   对 标 协 同 反 馈 工 作 单

接单部门（盖章）：

单号		指标（因子）	
反馈发单部门		接单部门负责人签字	
反馈时间		接单部门承办人	
原因分析			
处理情况			
备注	1. 工作单实行闭环管控，单号以发单的单号为准。 2. 原因分析和处理情况都需用数据量化，并说明处理完成时间。		

三、业务流程协同

指标及其形成的因子协同相对来说较为单纯，这些数据在对标评价结果中可直接查找。大量的指标及其形成的因子管理较为复杂，即使细化到最小的因子也需要由多个部门按照业务流程协同。

1. 分析关联度制定指标"链条"责任图

指标牵头管理部门根据确定的年度对标目标以及责任主体分解，研究指标计算标准和依据，列出每个指标提升过程中，影响指标提升所需其他配合部门做的具体工作，做到每个指标（因子）管理各环节都有具体的要求，并结合各部门年度重点工作和日常工作实际，制定指标"链条"责任表，见表6-17。

表6-17　某地市供电公司"同期线损合格率"指标"链条"责任表

指标名称	同期线损合格率		
牵头部门	发展部	配合部门	营销部、运检部、调控中心
责任部门	负责人/专责人	责任权重	工作职责
发展部			
营销部			
运检部			
调控中心			
指标定义和计算方法	同期线损合格率 = 0.3×四分统计月平均线损率合格率+0.7×四分同期月平均线损率合格率 （1）四分统计月平均线损率合格率 = 0.5×分区统计月平均线损率合格率+0.5×分压统计月平均线损率合格率； （2）四分同期月平均线损率合格率=0.1×分区同期月平均线损率合格率+0.2×35千伏及以上分压同期月平均线损率合格率+0.1×35千伏及以上线路分线同期平均月线损率合格率+0.3×10千伏分线同期月平均线损率合格率+0.3×台区同期月平均线损率合格率； （3）同期系统中的统计分区（分压）线损率与规划计划系统中统计分区（分压）线损率偏差不超过±0.1个百分点为合格； （4）分区月线损率0~10%为合格；35千伏及以上分压月线损率0~5%为合格；35千伏及以上线路分线线损率0~5%为合格；10千伏分线线损率0~10%为合格，台区线损率0~10%为合格； （5）分区（分压、分线、分台区）月线损率合格率=合格的个数（条数）÷总数×100； （6）平均月线损率合格率=∑各月线损率合格率÷月份个数。		

2. 组织审核形成指标链条责任指导手册

对标管理部门汇总整合业务管理部门制定的指标链条责任表，通过专题会议的形式，组织讨论审核，并将审核通过的指标链条责任汇编形成公司的指标链条提升工作责任指导卡，见表6-18。

表6-18 某地市供电公司"设备停运综合指标"链条提升工作责任指导卡

编号		日期	20170820
指标名称		设备停运综合指标	
牵头部门		A 部门	
配合部门	B 部门	C 部门	D 部门

本周工作完成情况：

A 部门：完成了本周计划的编制工作，并按时上报给了地调。根据周计划发布了停电信息公告，本周共批复设备停电申请15次，均通知有关重要用户。

B 部门：综合月度网改施工计划，整理确定下两周的通电工作任务，上报至 C 部门，并将确定好的停电计划与网改办施工公司进行告知。本周召开网改例会，进一步严肃了完工时间的准确性，对延迟送电的施工公司进行月度考核。本周无延迟完工情况。

C 部门：根据各单位报送的停电申请，召开停电计划周例会，确定后报送至 A 部门。本周无临时性停电工作。

D 部门：本周共上报停电申请5次，均按照时间要求进行上报。严格按照检修申请票批复后，做好停送电的各项工作。

存在问题：D 部门本周在进行设备停送电的过程中，配电人员发现10千伏线路断路器因故障不能进行断开，通知调度后，由于与变电站方面整体沟通及时性不足，造成线路未按计划停电。

对标管理部门主任		对标管理部门专责	

3. 下达链条任务督办单，开展日常协同

各业务管理部门依据指标链条责任指导卡，以固定形式定期将协同工作进展情况反馈至对标管理部门。对协同不顺畅的指标，通过按照链条责任分析梳理原因，确定相应的责任主体，下达指标链条协同工作督办单，见表6-19。

表 6-19　　某地市供电公司"设备停运综合指标"链条协同督办单

编号			签发人	
指标名称	设备停运综合指标			
指标情况	2017 年上半年得分 97.5 分，排名第六名，失分 2.5 分。			
牵头部门	A 部门	领导	责任人	
协同部门	B 部门	领导	责任人	
通知时间	2017 年 7 月 24 日	完成时限	2017 年 9 月 1 日	

对协同部门指标提升具体工作要求：

（1）根据检修施工内容合理制定工作时间，对停电申请单中的停电范围、安全措施、工作时间等内容的正确性、准确性负责。

（2）用户感受到的停、送电时间，实为现场断开或闭合上开关的时间。为满足要求，工作负责人及运维操作人员要充分理解公告停送电时间，并统筹安排好路途时间、操作准备等时间，到达现场具备操作条件时向调度申请下令操作。在设备操作中，特别是断开开关或合上开关之前，要认真考虑操作时间，避免出现早停、晚停、早送、晚送的情况发生。

（3）若遇设备操作中发生异常或其他情况可能造成不满足规则要求时，相关人员及操作人员应及时汇报运行方式管理人员或值班调度员，然后由配网抢修指挥值班人员告知公司 95598 客服人员，并在相关系统中进行变更操作。

A 部门主任			A 部门专责人		

第六节　诊断分析工具应用

一、波士顿矩阵分析法

波士顿矩阵分析法可应用于指标特性分析见图 4-5，其主要工作内容包括提升分值计算、指标提升难易程度分析和指标分类三个步骤。

实例：采用波士顿矩阵法实施指标提升分析。

某地市供电公司资产优良类别中 10 个指标得分情况见表 6-20。

表 6-20　　　　　　　某地市供电公司资产优良类别指标得分

序号	指标名称	单位	当前完成值	当期段位	A 段分位点	提升分值
1	单位电网投资增售电量	千千瓦时/万元	5.94	C	12.64	53.02%
2	流动资产周转率	%	809.48	A	1870.54	56.72%
3	固定资产报废处置完成率	%	102.45	A	556.24	81.58%
4	单位资产售电收入	万元/万元	0.55	B	0.58	5.34%
5	电费回收月均水平	%	100	A	100	0.01%
6	退役变压器的平均寿命	年	30	A	30	3.09%
7	退役断路器的平均寿命	年	22	A	22	0.00%
8	资产全寿命周期管理综合绩效增长率	%	3.6	A	3.6	0.00%
9	营业收入三年平均增长率	%	3.26	D	7.59	57.06%
10	有效资产增长率	%	−0.21	C	2.44	108.58%

表 6-20 中有四项指标没有达到 A 段，故应对这四项指标提升开展分析。

（一）指标提升分值计算

根据指标的提升空间（即指标当前完成值与 A 段分位点之间的差距），确定指标的提升分值。

指标提升分值＝（A 段分界值－当前完成值）÷A 段分界值×100%

（二）指标提升难易度分析

指标提升一般涉及部门配合、资源投入以及响应速度三个维度，先根据改进周期的长短，投入人力物力的大小等因素进行定性分析，再依据指标提升难易度量化成标准表进行计算。

表 6-21 指标提升难易度量化标准

影响维度	维度权重	定性描述	量化系数	定义
配合部门	0.3			配合部门在所有管理部门中的占比
改进周期	0.3	短期	0.1	1 个评价周期内可体现提升效果
		中期	0.5	3 个评价周期内可体现提升效果
		长期	0.9	1 年以上才可体现提升效果
资源投入	0.4	少	0.1	投入 1 万元以下或 10 个工作日以内
		一般	0.3	投入 1~10 万元或 10~30 个工作日
		较大	0.7	投入 10~100 万元或 30~100 个工作日
		很大	0.9	投入超过 100 万元或 100 个工作日

依据表 6-21，公司资产优良模块中未达到 A 段的四个指标提升难易程度见表 6-22。

表 6-22 指 标 提 升 难 易 程 度

序号	指标名称	配合部门占比	改进周期	资源投入	难易程度
1	单位电网投资增售电量	0.6	0.5	0.7	0.61
2	单位资产售电收入	0.8	0.9	0.7	0.79
3	营业收入三年平均增长率	0.8	0.9	0.7	0.79
4	有效资产增长率	0.6	0.1	0.1	0.25

（三）指标分类

根据提升分值和难易程度，将上述指标进行分类，见表 6-23。

表 6-23 提升分值和难易程度

序号	指标名称	提升分值	提升难度	指标分类
1	单位电网投资增售电量	中	较难	配角指标
2	单位资产售电收入	低	难	一般指标
3	营业收入三年平均增长率	中	难	一般指标
4	有效资产增长率	高	易	明星指标

根据分析结果，在这四个指标中选取"有效资产增长率"作为重点提升指标。

二、鱼骨图分析法

鱼骨图分析法可以应用于指标因子分析，其主要步骤包括因子分析，列出鱼骨图，根据业务特点确定分析维度，确定解决方法和分析得出结论。

实例：采用鱼骨图分析法实施指标提升分析。

提高"客户服务满意率"指标，利用鱼骨图分析步骤如下。

客户诉求是以公司 95598 数据为基础，通过对公司 95598 各类业务受理量、故障报修、投诉等关键环节的分析，找出其中跨部门、跨业务的因子和数据，并通过分析和持续监测，预判客户未来一段时间内的诉求热点，提升公司投诉管控能力，降低公司客户投诉风险。

第一步：因子分析

梳理影响客户满意度的各项业务（见表 6-24）。

表 6-24　　　　　　　　客 户 诉 求 因 子 分 析

客户诉求因子	说明	部门和公司
95598 业务受理量	通过对 95598 业务受理量开展分析，反映本单位 95598 业务受理工作量，各类业务所占比例，适时调整 95598 业务人员数量。	营销部、调控中心
故障报修	通过对故障报修开展分析，反映公司抢修业务水平，分析超期工单产生原因，促进公司抢修业务水平提升。	检修公司、调控中心
投诉	通过分析各类投诉情况及产生原因，重点对低电压情况进行监测，对属实投诉开展分析，提升公司服务水平。	营销部、检修公司、各地市供电公司

第二步：如图 6-3 所示，列出鱼骨图。

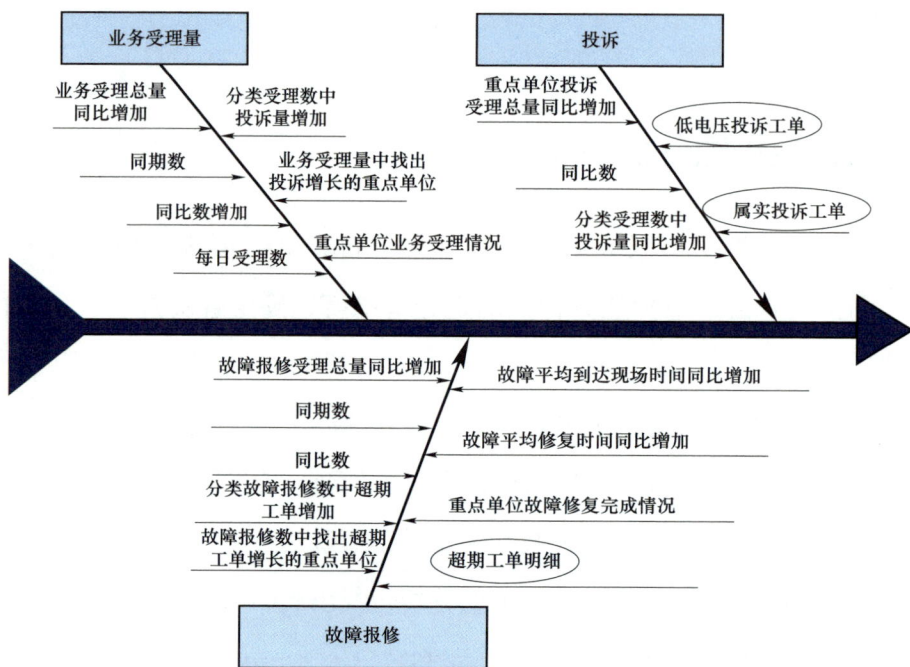

图 6-3　客户诉求分析鱼骨图

第三步：根据业务特点确定分析维度。

（1）质量维度：客户对流程执行结果是否满意、流程执行过程中工作质量。

（2）效率维度：流程总时长、各环节的时长是否合理，是否有提升改进空间。

（3）合规维度：流程的执行过程、结果是否符合相关管理规定。

（4）规模维度：受理、完成的业务总量。

第四步：确定解决方法。

从内容的特点出发，充分考虑不同视角，确定分析方法。

（1）阈值预警：根据预先设定的阈值与采集的指标数据进行比对，当越限时进行预警以便及时发现经营活动的异动。

（2）比对分析：通过指标同比、环比、与目标比等不同形式的比对，查看指标所对应的业务变化趋势，发现异动与问题。

（3）穿透分析：将汇总数据按照组织机构、业务类型向下穿透，进行不同维度的对比。

第五步：分析得出结论

按照鱼骨图，对业务受理量和投诉数据开展多维度比较分析，先从整体上得出问题所在的重点区域和重要环节，再层层分析找出属实投诉工单、低电压投诉及超期工单问题产生的根因，并预测根因发展趋势。根据分析结论，用数据指导改进方向和重点范围，从完善工单闭环管理流程、针对性加强运行维护、精准配网建设改造等方向入手，进一步细化解决措施，减少业务受理量和投诉笔数。

三、柱状图分析法

柱状图是一种以长方形的长度为变量的统计图表，由一系列高度不等的纵向条纹表示数据分布的情况，通常用于较小的数据集分析。柱状图亦可横向排列或用多维方式表达，易于比较各组数据之间的差别。柱状图通常用 Excel 图表实现，有时辅助加折线图多维度反映数据发展的趋势和特征。

实例：采用柱状图实施指标提升分析。

将 10 千伏配电线路停运数据为例绘制成柱状图，如图 6-4 所示，因每个单位管辖的 10 千伏线路条数不同，单纯按照停运的线路条数来分析不能客观、全面反映各单位的管理情况。因此，在柱状图中加入了折线，描述每个单位管辖线路的平均停运情况。

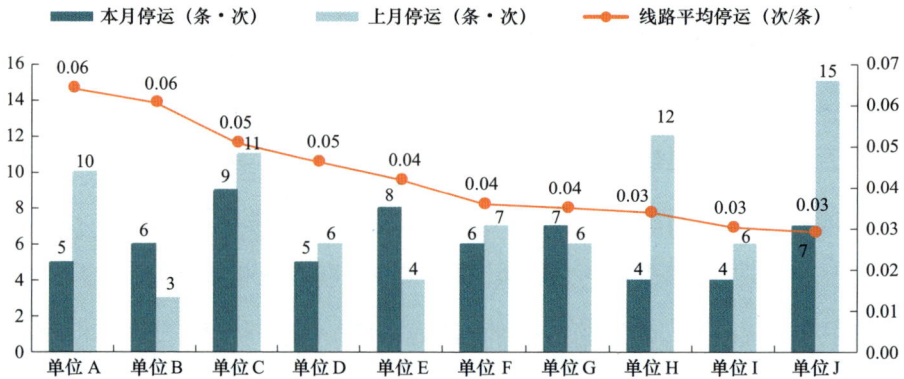

图 6-4　各单位 10 千伏配电线路停运情况

第七章

对标典型经验

融合
(Integration)

评估
(Evaluation)

典型经验
推广应用
五步法

方法
(Solutions)

实践
(Practice)

转化
(Transformation)

典型经验是对标工作的重要组成部分。建立健全典型经验申报、评审和发布机制，揭示标杆企业之所以成功的关键要素，解决"如何改"的问题，确保对标管理措施和要求的有效落实，支撑内部对标管理常态化运行。解决"如何持续深入有效开展"的问题，对于提升公司管理水平和绩效水平具有重要意义。

第一节　典型经验培育

公司自 2005 年开展对标工作以来，积极开展了典型经验的提炼、发布、推广，全面提升了对标指标水平和企业管理水平。

典型经验主要是指在生产经营管理实际中证明为有效和可持续、产生出色成果并具有推广价值的工作方法和流程，通过相关专业对标管理评价评选产生。

一、及时提炼、充分储备

典型经验评价是以年为周期开展，但每年集中总结收集一次的做法，不利于典型经验的总结提炼，不能及时将系统内各单位在日常生产经营管理中产生的先进思路、理念、做法、流程等及时提炼出来；不利于提高典型经验的撰写质量，不能使各单位对典型经验总结提炼工作引起足够的重视，不能有效掌握典型经验的精髓；不利于典型经验的推广应用，不能将工作成果及时转化。为消除三个"不利于"的影响，确保典型经验工作有效开展，必须将典型经验工作融入日常工作，必须常态化开展典型经验储备工作。

典型经验储备的主要做法是典型经验征集不设重点科目，不以年度为周期总结提炼。一是可以从公司年度重点工作，专业管理面临的焦点问题、难点问题、突出问题等方面选取题材；二是各部门、各单位在生产经营实践中可以随时总结提炼代表本部门、本单位先进水平的典型经验；三是要求各单位以季度为周期上报一定数量的典型经验；四是将典型经验的数量、质量结果纳入指标体系进行考核评价。

通过上述措施的执行，大幅提升公司典型经验质量。只有经常性地开展典型经验总结提炼、评审评价，才能提高各单位对典型经验工作的重视，掌握典型经验的意义和目的，及时将日常生产经营工作中产生的先进思路、理念、做法、流程等及时总结提炼出来，见图 7-1。

公司典型经验专业分类储备库的构建，准确标识了公司对标管理最佳实践资源的类型及分布情况，如图 7-2 所示，让员工能够迅速而便捷地发现并及时获取所需的实践知识，极大促进了需求拉动型的知识交流和传播，促进优秀实践经验在公司内部的共享和应用，带来广泛的示范和推广效应。

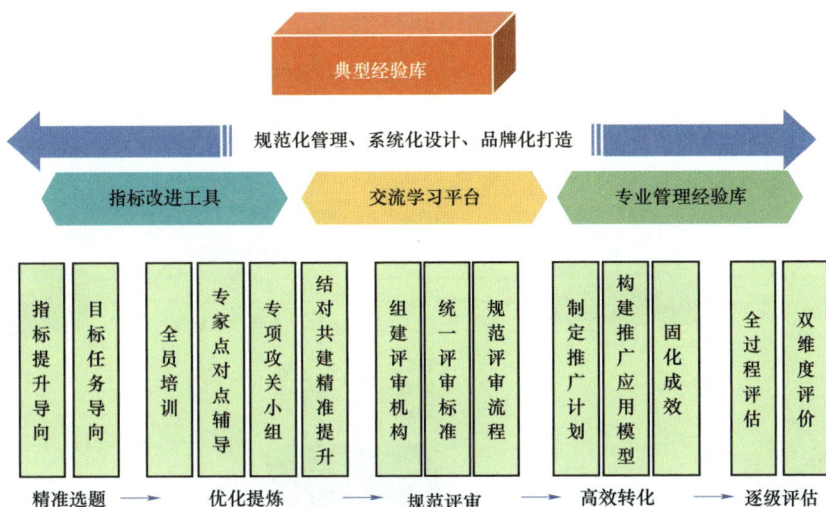

图 7-1　典型经验全过程管控平台构建与实施示意

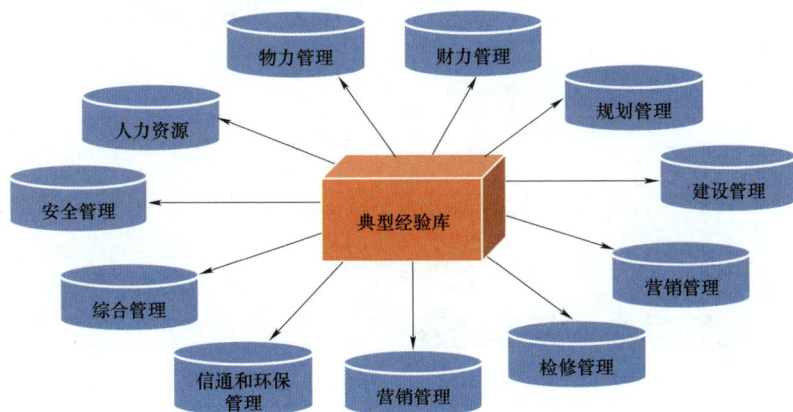

图 7-2　典型经验专业分类储备库示意

聚焦专业管理问题的解决，合理设计典型经验库功能模块，具体方法如图 7-3 所示。一是查找与导航模块，揭示典型经验与专业管理和关键领域的关系，方便获取已有典型经验相关知识；二是交流与共享模块，对典型经验的具体做法进行分析讨论，获取需要的知识；三是验证与拓展模块，对优秀典型经验成果进行验证实践并结合实际应用进行拓展和再创新；四是反思与评价模块，对原有典型经验的做法进行评价和价值判断，得出结论，反馈改进建议，同时对典型经验库的案例进行优化和创新。

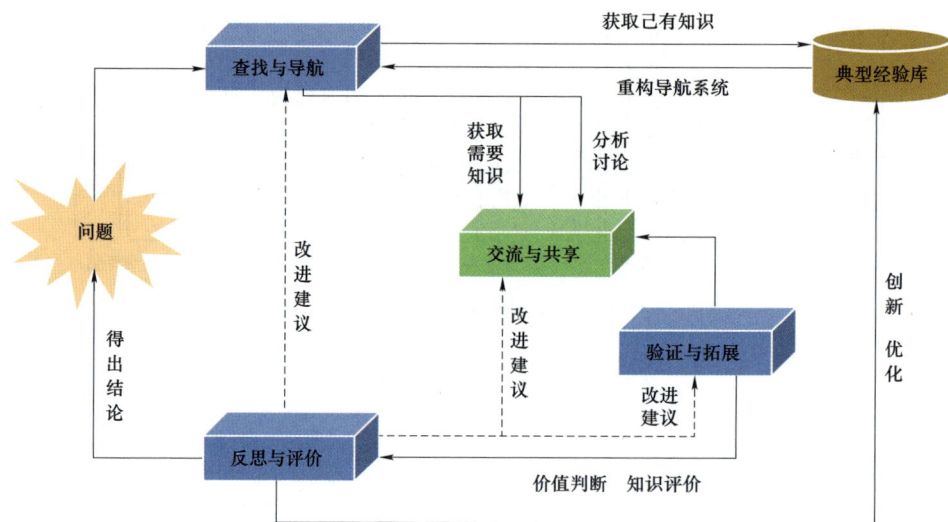

图 7-3　典型经验库功能模型

二、问题导向、精准选题

为充分发挥典型经验专业改进工具的作用，公司在确定年度典型经验科目和组织申报过程中，坚持问题导向，以卓越绩效和对标管理综合诊断分析结果为基础，以公司管理短板和指标提升为重点，按照"指定科目，自愿申报"的方式，统筹推进公司典型经验总结提炼和推广应用工作，从源头保证典型经验实践成果的产量和质量。

（一）坚持问题导向，强化实践源头策划与管控

一是与公司年度重点工作相关联，典型科目选题应围绕公司战略目标、创先要求和年度重点工作，开展典型经验科目选题，以重点工作任务的积极探索和创新实施推进典型经验的形成，以典型经验的提炼总结助力重点工作任务的落地。二是与标杆单位相关联，典型经验是指标先进公司优秀经验的总结，是萃取标杆单位最佳实践做法和优秀管理经验的重要过程，开展典型经验科目选题应重点围绕系统内标杆的专业管理做法和指标管控经验，推动内部优秀经验和创新实践的形成，拓展影响范围，增强示范效果。三是与公司管理短板相关联，典型经验的选题应基于对标综合诊断结果，甄别关键改进机会，以破解公司发展和电网发展的重点、难点问题，将其作为典型经验总结提炼和推广应用的出发点和落脚点。重点科目设置要求不与上一年重复，提高典型经验的针对性，提升对标指标水平，逐步扩大典型经验业务覆盖范围。

（二）优化进度管控，实现典型经验与专业管理计划协同

如表 7-1 所示，典型经验科目确定和下发后，组织各部门及各单位上报典型经验总结提炼和推广应用实施方案及工作计划。实施方案和工作计划的制定要结合专业管理实际，确保典型经验与年度重点工作、专项提升计划、结对共建活动等同步开展，提高典型经验的时效性。

每月在对标工作例会上对典型经验工作进展情况进行督导和协调，对各项典型经验工作计划实施进展情况进行全程监控，协调解决存在的困难和问题，建立与各部门、各单位高效顺畅、协同配合的工作机制。

表 7-1 典型经验科目（安全管理专业）

专业	科目名称	科目简称	对应的对标指标
安全管理	安全文化建设	安全文化	
	作业现场安全风险管控	安全监督	作业安全风险管控工作评价指数
	电网设备质量监督管理	质量监督	质量事件评价指数
	现场应急处置演练	应急管理	
	电力消防隐患管理	电力设施保护	

第二节 典型经验提炼

坚持问题导向和目标导向，加强对标指标分析诊断，成立专项攻关组，开展对标指标专项攻关，提炼优秀公司的典型经验。

一、全方位开展典型经验编写培训

邀请对标管理专家，开展典型经验全方位培训，讲解典型经验的内涵和基本定位，介绍典型经验评审要求和评价标准，培训典型经验主要内容结构及格式规范要求，讲授 Visio 流程图绘制、管理建模、指标设计、评估改进等工具的使用方法，全面提升员工编写能力和提炼水平，提高成果质量，确保成果报告流程清晰、重点突出、措施具体、内容完整，符合典型经验编写要求。典型经验基本框架示例如图 7-4 所示。

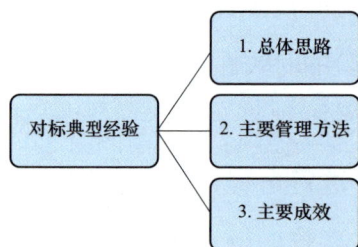

图 7-4 典型经验基本框架示例

二、实施专家"点对点"全程辅导

典型经验是标杆管理的最佳实践成果，是指标先进公司优秀经验的总结，典型经验入围入选数量基本能够体现各单位专业管理水平。

公司高度重视对标典型经验总结和申报工作，对于每年上报的典型经验重点科目选题，采取专家"点对点辅导"的方式，对典型经验的选题命名、现状梳理、主题确定、框架构建、内容编写、动态修改等环节进行全程辅导，推动参与人员主动思考管理，在提高成果管理高度的同时，思考管理中存在的问题和改进措施。

三、提炼指标改进专项攻关成果

紧扣公司发展实际，围绕电网建设、安全生产、优质服务、经营管理、队伍建设等中心工作，针对公司提升难度大、协同要求高、历史包袱重的短板指标，组建跨部门联合攻关小组，从具体工作入手，精心谋划、科学制定指标提升策略，落实改进措施，评估改进成效，挖掘改进过程中的创新做法和先进理念，形成对标典型经验，全面提升公司基础管理水平，促进公司科学发展。

四、开展对标结对共建及精准提升

公司坚持目标导向和标杆引领，以"标杆选树、指标比对、优秀实践分析和先进经验学习"为核心，在各部门及各单位探索开展对标结对共建。

深入分析上年对标工作完成情况，找准定位和差距，扎实开展标杆比对学习，运用标杆单位的先进理念和方法，促进问题解决和管理改进，充分发挥先进经验推广的工具、管理交流的平台、优秀做法和思想学习载体的作用。

第三节 典型经验评审

典型经验评审采取地市级供电企业预审、公司专业部门初审和公司公开评审三级评审的形式。其中公开评审采取评审会、经验交流会、现场会三会合一的模式，以加强典型经验的交流学习，促进共同提升。

对标典型经验管理的突破提升与成果的推广应用实施流程如图 7-5 所示。

一、组建专业评审机构

为规范典型经验成果评审工作，由公司对标管理部门组织，联合各部门负责人及业务专家建立覆盖各业务领域的评审工作小组，全面负责公司对标典型经验评审工作和重大事项决议。

二、统一评审标准

专业评审标准重点考察典型经验对本专业管理的提升作用，对典型经验与专业的协同性和内容真实性设置一票否决，在此基础上具体审核典型

对标工作牵头部门	相关专业部门	下级公司

典型经验培育

开始

启动典型经验立项计划制订工作 → 编制典型经验重点科目

下达典型经验重点科目 → 编制典型经验立项计划

组织审核、评审典型经验立项计划 → 完善典型经验计划

发布立项计划/纳入项目储备库

组织开展典型经验工作推进会 ← 启动典型经验立项计划制订工作 ← 反馈典型经验进度信息

优化典型经验流程

典型经验提炼

提炼及申报典型经验

典型经验评审

初步审查 → 典型经验评审

纳入优秀经验库 ←

典型经验推广应用

组织典型经验推广应用 → 梳理业务薄弱环节

选择使用典型经验

列入年度指标提升计划

转化为制度、流程、文件固化 ← 纳入深化应用库 ← 反馈典型经验推广应用相关信息

结束

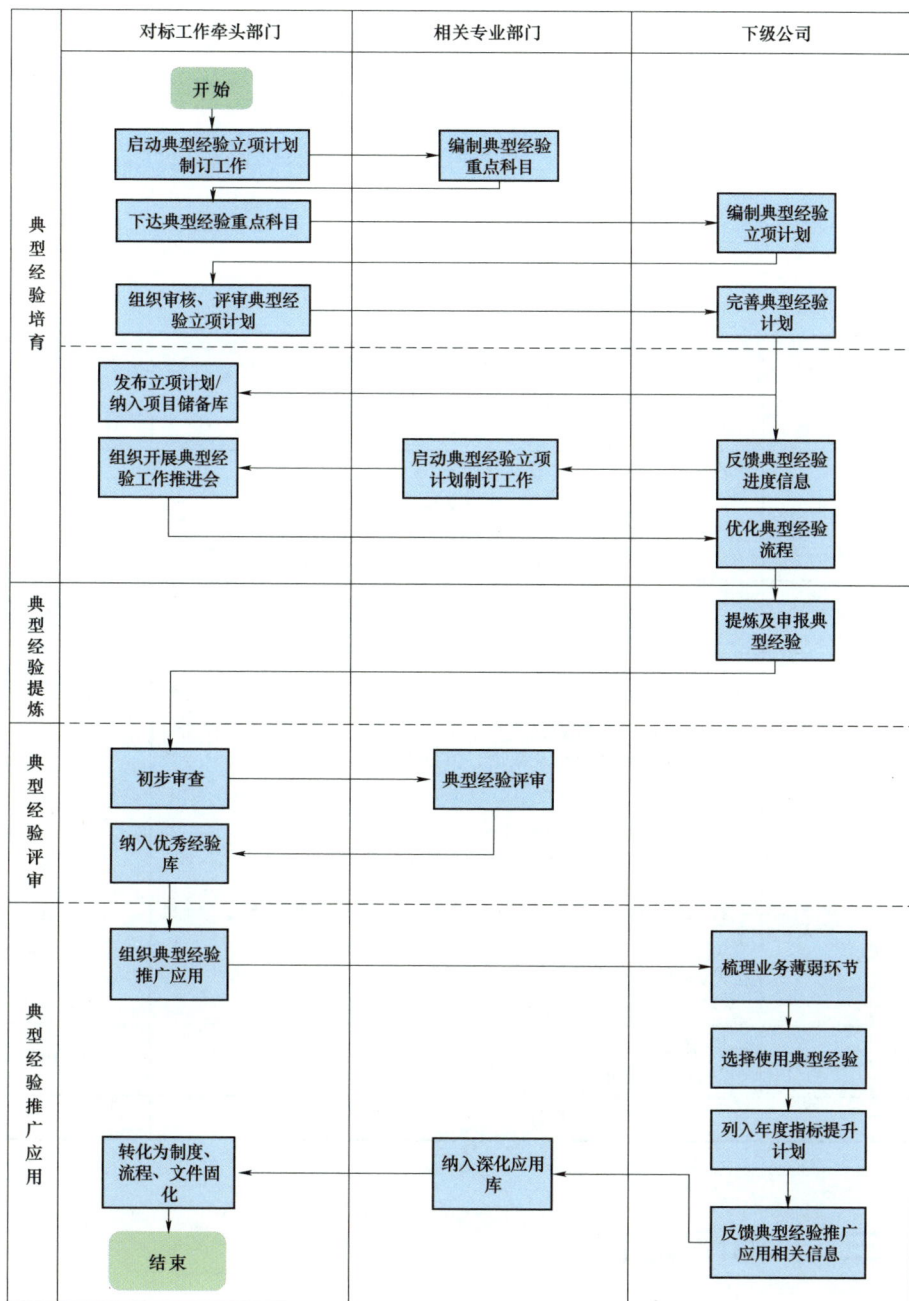

图 7-5 典型经验评价流程示意

经验的科学性、创新性、有效性、推广性和规范性。基于以上评审要点，公司制定了《对标典型经验评分表》，见表7-2，将典型经验成果评审和现场发布答辩一并纳入评审范围，对典型经验进行系统评价，全面把关入选典型经验成果质量。

表7-2　　　　　　　　对标典型经验评分表（含发布环节）

序号	类别	评价内容	分值范围
1	编写质量	① 格式规范，内容翔实，流程规范完整（3分） ② 重点突出、论证充分（2分）	3～5
2	典型性	① 问题分析透彻，方法科学可行（5分） ② 相关工作方法和措施可操作性强（5分） ③ 亮点突出，具有先进性（5分） ④ 典型案例有代表性，有说服力（5分）	12～20
3	推广性	① 对其他公司有较强的参考和借鉴价值（10分） ② 推广可行性、资源投入、成本效益等问题分析透彻（10分）	12～20
4	成效性	① 典型经验与对标指标挂钩，能促进本单位对标指标提升（10分） ② 典型经验能有效提升本单位管理水平或经营绩效（10分） ③ 有成效验证资料及数据，可参考近年来对标指标得分等资料（5分）	15～25
5	发布效果	① PPT内容全面，逻辑清晰（8分） ② 由典型经验本专业人员进行汇报（2分） ③ 汇报时语言流畅，论据充分（8分） ④ 现场回答思路清晰，对典型经验涉及的专业知识掌握熟练（8分） ⑤ 用普通话（2分） ⑥ 不超时（2分）	18～30
6	加分项	① 部门领导参与评审，加2分。 ② 部门领导全程发布，加2分。	0～10
合计			

三、规范评审流程

搭建典型经验评审全公开的过程管控平台，采取各单位预审、公司专业部门初审、公司公开评审三级评审，鼓励各部门、各单位全过程参与，保证评审公开、公平、公正。

（一）各单位预审

各单位根据公司专业部门指定的典型经验科目，自愿申报典型经验，每个科目最多申报一篇。对标牵头部门组织对典型经验进行预审上报。

（二）各部门初审

公司对标管理部门汇总各单位上报的典型经验后，按专业分发到各部门。各部门按照典型经验评分细则填报对标典型经验库入围推荐表。

（三）公司公开评审

公司对标管理部门汇总各部门反馈的推荐入围典型经验后，分专业组织召开典型经验公开评审会，对入围典型经验进行评审，相关专业部门配合，所有单位均参与。

为加强典型经验的互相学习、沟通，在评审中推动业务的再提升，充分发挥对标"比学赶帮超"的作用，公司采取公开评审的方式，按照"汇报发布、现场评分、点评答辩、总分评定"等环节，对入围典型经验进行评审。

汇报发布：典型经验撰写人结合 PPT 进行现场发布，发布时间控制在15 分钟以内。

现场评分：公司专业部门和各单位各派出 1～2 人作为评委，按照评分细则对其他单位典型经验进行现场评分，对本单位参与的科目下典型经验不评分。

点评答辩：每篇典型经验发布完毕后设有互动环节，公司专业部门或单位对典型经验进行现场点评并提问，典型经验汇报人现场进行解答。

总分评定：公司对标管理部门汇总公司专业部门（占 20%权重）和各单位（占 80%权重）评分，计算出各篇典型经验得分，得分最高的典型经验为本科目入选典型经验。

第四节　典型经验推广

典型经验推广按照公司推广计划组织实施，成立实施项目组，制定实施方案，明确实施目标、实施时间和工作内容等。在推广应用过程中按照关键时间节点提交实施月报和阶段成果，推广应用结束后形成成果报告作为成效评估的依据。各单位采用结对帮扶的方式强化典型经验推广应用的效果，各部门在推广过程中根据实际将先进适用的典型经验导入管理流程和管理制度，发挥典型经验作为先进经验推广工具的作用。

一、制定典型经验推广计划

组织相关专家对典型经验的推广性、先进性进行评估，结合年度改进指标专项提升方案，制定典型经验推广计划，确定推广的典型经验项目、责任部门、推广目标等。

二、构建"STPEI"推广应用模型

为实现典型经验推广应用工作规范、高效管理，公司创新构建了基于

"STPEI"的典型经验知识管理"五步法"应用模型。按照"方法—转化—实践—评估—融合"五个步骤开展典型经验的推广应用和与专业管理的深度融合，实现典型经验推广应用过程的标准化管理和专业管理的持续提升，如图7-6所示。

方法（Solutions）：围绕需要解决的焦点问题，寻找典型经验库中相匹配的综合理论知识和最佳实践做法。

图7-6　基于"STPEI"的典型经验知识管理"五步法"应用模型

转化（Transformation）：结合自身业务实际，开展优秀经验和创新做法的学习借鉴，转化为适宜本地化推广应用的工作方案和执行计划。

实践（Practice）：制定推广应用实施方案，明确实施目标、时间、责任人及职责分工、所需资源等，对典型经验做法进行验证和拓展，开展本地化创新，按计划提交阶段成果和最终成果报告。

评估（Evaluation）：评估典型经验中做法的适用性和效益性。

融合（Integration）：将原有典型经验的创新做法和专业管理推广实践相融合，实现最佳实践做法的不断积累优化。

三、搭建交流平台

在采用传统宣传方式的同时，积极探索新的宣传、交流方式，丰富学习方法，结合日常工作进行网络问答、评论、提问等多方位的学习方式，搭建宣传培训和线上交流平台，创新开展推广工作。

传统推广模式指通过专题培训及研讨、网站宣传等多种形式开展典型经验推广，员工结合自身管理工作将优秀经验做法进行推广交流。

线上互动推广模式是采用微信等网络平台定期发送相关典型经验学习材料，供大家参考学习，同时利用在线互动、网络问答、网上答题等方式，加强人员学习培训，有效提升推广成效。

四、开展阶段性评估

按照时间进度计划推进项目落实，按月度反馈进展情况，组织专家对推广应用过程进行阶段性评估，及时发现问题，解决问题，强化过程管控。

月度跟踪，每月召开月度典型经验推广应用实施情况汇报会，各部门及时梳理月度实施工作，根据月（季）度指标分析情况，总结现阶段工作存在问题及解决措施，为下一步工作开展奠定基础。

季度评估，每季度针对措施实施效果进行阶段性评价，重点从典型经验应用情况、工作进展、相关指标提升情况等方面进行客观评价，确保各阶段管理水平有所提升。

五、以流程和制度固化改善成效

结合公司实际，形成有效的管控方法，采用多种形式固化。通过指标完成情况的提升对比进行效果检验，通过典型经验推广应用，优化、理顺专业管理流程，固化优秀管理方法，形成可再推广的手册、指南、文件等，便于在其他单位及公司范围内进行再推广。

六、形成闭环管理

针对典型经验推广应用，开展全过程评价，从应用情况、阶段性评价、结果检验、固化情况等全方位对典型经验推广应用情况进行评价，不断完善流程步骤，促进管理水平进一步提升。

第八章
对标管理信息系统

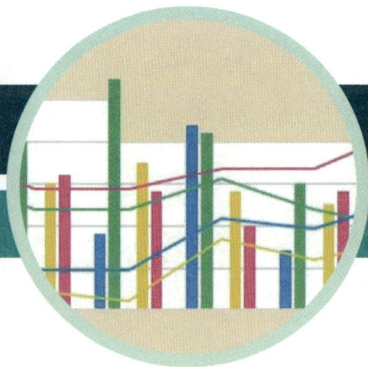

建设对标管理信息系统，对于提高工作效率，提升对标管理信息化和智能水平具有重要意义。本章包括对标管理信息系统原则和作用、模块及功能、应用成效等三部分内容。

第一节　对标管理信息系统建设原则和作用

一、对标管理信息系统概述

随着信息时代的到来，运用先进的信息化技术开发对标管理信息系统，在省系统范围内推广应用。通过各类指标数据的收集、录入、统计、分析，实现对标管理的常态化、易操作、可对比，形成目标明确、重点突出、简洁明了、管理方便的特色对标管理信息支撑系统。

对标管理信息系统以统一的对标指标体系为基础，以数据模型为核心，以业务流程为支撑，以分析、预警为目标。系统充分运用现代的通信技术、计算机技术和网络技术，实现对标管理的数据收集、标杆评定、对标实践、对标分析、对标评价、持续改进等众多科学、系统的数据分析、处理、跟踪功能，实现短板自动梳理、管理问题自动追溯，大幅减少判断错误与人为过失，有效划分责任归属，做到主动预警提示。

对标管理信息系统是一个服务于省、地、县、班组四级对标的现代化管理系统，具有指标体系管理、自动取数、数据分析、数据文件管理、综合评价等功能。建立动态对标数据库，对标指标全方位分析，对标管理规范化、精细化、信息化，是公司持续推动对标管理水平提升的有效工具。

二、对标管理信息系统的建设原则

（一）易操作性原则

对标管理信息系统实现批量数据传输，指标数据可批量导入、导出，对录入数据进行偏差分析，提升数据准确率。系统操作界面简单，对输入和自动获取的数据，利用信息化技术优势做到快速处理和主动分析，直接生成评价结果和诊断报告，满足对标工作需求，提升对标工作效率。

（二）可兼容性原则

对标管理信息系统架构的设计遵循融合适应的原则，严格按照公司级主数据管理体系要求提供标准接口，建立系统与全业务数据中心的数据交互，实现系统自动取数功能。

（三）可扩展性原则

对标管理信息系统具备良好的扩展性和可移植性；具备业务处理的灵活配置，能随着业务功能的变化灵活重组与调整，实现系统的升级改造，满足现有对标管理需求，同时适应未来一段时间对标需求及发展需要。

（四）共享性原则

由公司统筹部署建设对标管理信息系统，通过权限配置将应用层级向下拓展到地市供电公司、县供电公司，各层级单位按照体系分类搭建对标工作平台，利用系统的评价和分析功能，实现对标信息的集中存储、分级管理、辅助分析，有效支撑和推进各层级对标管理信息化。

（五）安全性原则

对标管理信息系统的业务应用将具备高安全可靠性，并通过采用多种安全机制和技术手段保障系统安全稳定运行，满足电网企业对网络和信息系统安全运行的要求。规范数据的输入格式，用 IP 地址限定用户权限的配置，做到数据严格保密。

三、对标管理信息系统的作用

对标管理信息系统对对标管理工作的支撑和提升主要体现在四个方面。

（一）规范数据填报，提高工作效率

指标数据的填报、审核工作均通过对标系统线上完成。指标数据的采录有自动取数、手工录入、模板导入多种方式，较以往指标数据通过线下邮件报送的方式，既提高了指标数据采录的工作效率，又规范了指标数据填报机制，保证了数据的准确性；在指标数据审核至发布期间，关闭对标管理系统查询数据功能，减少人为因素干扰，提高了指标数据的保密性。

（二）加强指标监测，保证对标水平

利用对标管理信息系统加大对指标的监测力度。健全对标管理信息系统的指标计算方式和评价周期，并行使用多套评价理论，实时反映指标

变化情况，实施多级别预警，及时发现问题，开展有针对性的整改措施。

（三）减少人工计算，提升文档质量

运用对标管理信息系统全新的报表、图形、报告展示模块，快速形成"指标综合评价报表""对标报告""月度对标数据监测报告"，形式多样，还可根据对标工作实际需要进行格式、样式的快速灵活调整，减少人工计算，降低计算结果错误率，提升分析报表（报告）质量。

（四）改变资料存档方式，利于对标工作资料查阅

利用对标管理信息系统实现了多套指标体系的在线管理，历史对标指标数据、历史对标结果的在线查询和典型经验文档的管理，改变了以往历史资料纸质存档的工作方式，通过对标管理信息系统查阅历史指标数据和典型经验资料方便、快捷，提高了工作效率。

对标管理信息系统从庞杂的数据明细中快速提取关键数据、找出差异、预测趋势、分析原因、给出结果，借助信息化手段提升工作效率和工作质量。

第二节　对标管理信息系统主要模块及功能

一、对标管理信息系统框架

对标管理信息系统集指标体系管理、自动取数、数据分析、数据文件管理、综合评价等功能于一体，实现指标自动录入、评价，指标月度监测，数据分析图形展示，报告自动生成，典型经验高效管理，见图8-1。

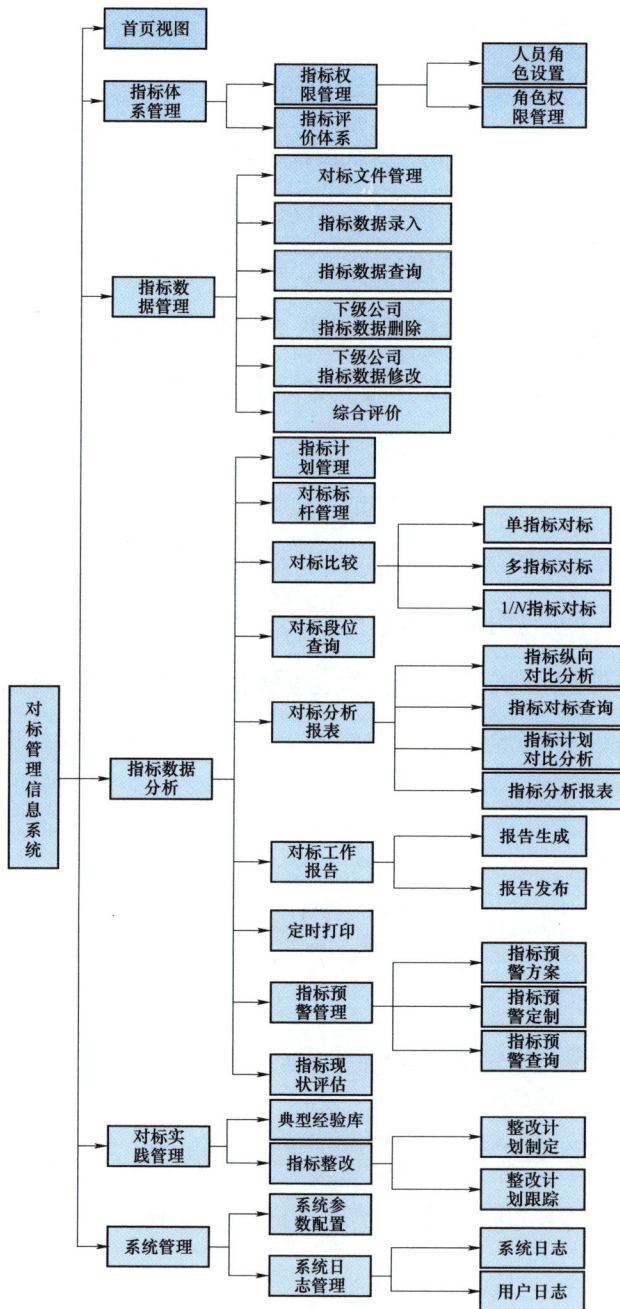

图 8-1　对标管理信息系统框架

二、对标管理信息系统业务流程

在信息系统里用信息化手段规范对标管理各项工作。对标管理部门搭建体系、配置权限；地市供电公司录入目标，按期完成指标录入和审核；各部门对录入数据进行审核和修订，确定各指标数据值，经过系统综合评价和分析，形成评价结果和诊断分析报告，见图8-2。

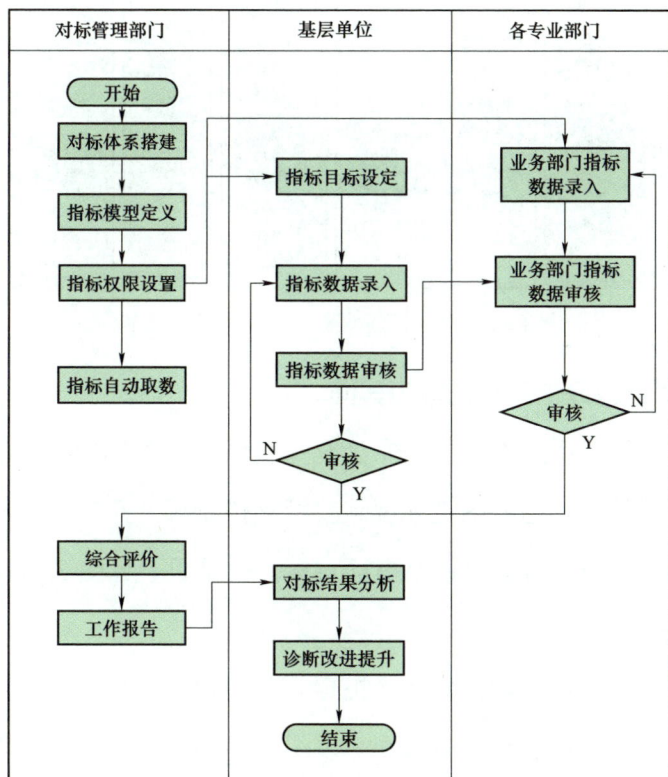

图8-2 对标管理信息系统业务流程

三、对标管理信息系统业务模块

对标管理信息系统包含首页、指标体系管理、指标数据管理、指标数据分析、典型经验、系统管理6大模块，见图8-3。

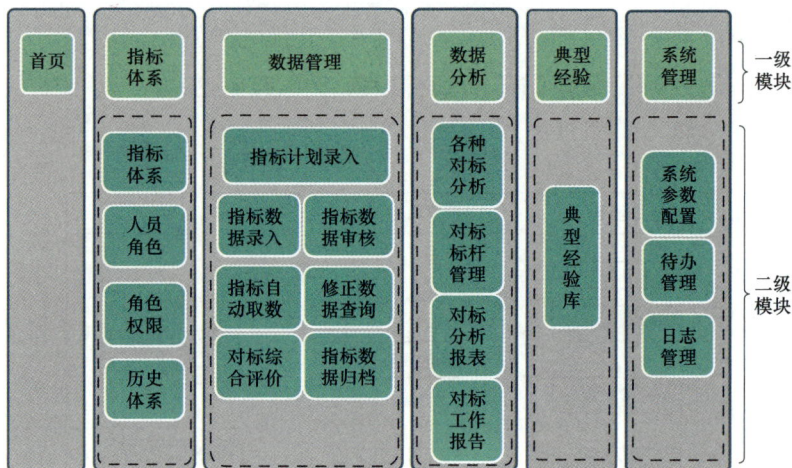

图 8-3　对标管理信息系统业务模块菜单

（一）对标管理信息系统首页界面

对标管理信息系统首页界面专为整体查看对标工作情况设计，通过数据同环比、柱状图、趋势图直观展示对标评价结果。点击柱状图可钻取专业排名结果；点击趋势图可钻取指标对标评价结果，见图8-4。

（二）指标体系管理

指标体系管理包含体系构建、指标管理、权限分配三大块。系统支持公司、地市供电公司、县供电公司等多级对标体系建设，各级单位可独立创建多套不同类型的对标体系；支持指标月度、双月、季度、半年、年度及自定义评价周期；支持正态分布五分位法、阈值四分法、分段计分法、排序打分法、直接得分法、先进程度、成长能力等评价方法。

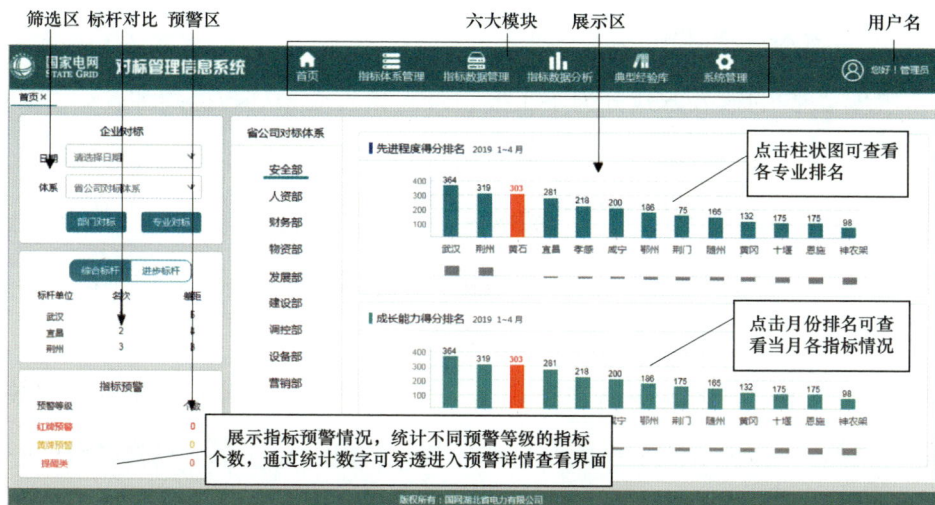

图 8-4　对标管理信息系统首页界面

（三）指标数据管理

指标数据管理包含指标计划录入、标杆单位设置；手动录入和自动取数灵活配置功能；下属单位上报指标数据；系统自动生成综合评价结果，见图8-5。

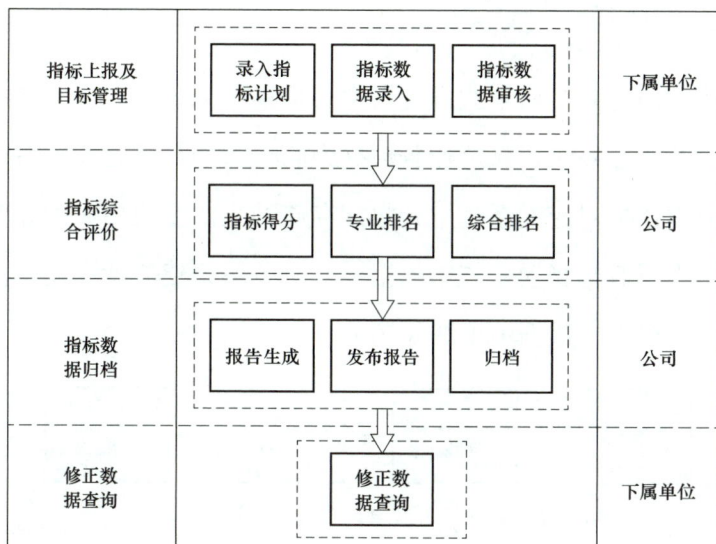

图 8-5　对标管理信息系统数据管理流程

1. 数据输入方式

指标数据的输入方式分为手工报表录入和自动采集数据两种。

（1）手工报表录入。对于不能实现自动取数的指标，需要线下收集数据，由各部门通过系统手动录入，可采用批量导入、导出的方式，较以往指标数据通过线下邮件报送的方式，提高了指标数据采录的工作效率。

（2）对标管理信息系统自动取数。对于能直接从各专业系统中获取数据的指标，尽可能实现从系统中自动取数。经梳理业绩对标和管理对标中大部分指标接入全业务数据中心，可实现自动取数。

对标管理信息系统不能与业务系统直接对接，数据严禁从其他系统直接获取。对于主数据源头系统，严格按照公司级主数据管理体系设计要求开展主数据设计维护；对于主数据使用系统（非源头），要从统一源头获取主数据对象，对全业务数据中心分析域数据资源的访问应通过统一数据分析服务实现。

对标管理信息系统自全业务数据中心采集指标数据。全业务数据中心的数据来自各专业系统，从全业务数据中心接入的数据为业务系统底层的元数据，提取指标对应的系统中元数据存储的表、字段相关指标信息。按照指标定义设置其与当前系统中的指标对应关系，建立计算模型，经多层级计算得到一级指标数据（见图8-6）。

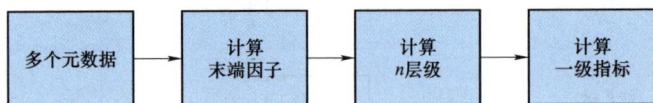

图8-6　对标管理信息系统自动取数计算模型

实例：采用对标管理信息系统自动获取"综合电压合格率"指标数据。

"综合电压合格率"指标包含 A、B、C、D 类电压监测点，A 类电压监测点取自调度 OMS 系统，B、C 类电压监测点取自营销用电采集系统，D 类电压监测点从配电安装在现场的电压检测仪直接取数至 PMS2.0 系统（生产精益化管理系统）。各类监测点电压数据从各业务系统全部汇至 PMS2.0 系统。

对标管理信息系统根据指标定义提出数据需求，全业务数据中心将 PMS2.0 系统中各类监测点电压值转接入全业务数据中心。为对标管理信息系统输送各类监测点电压元数据，在对标管理信息系统中建立计算模型，城市综合供电电压合格率=0.5×A 类监测点合格率+0.5×（B 类监测点合格率+C 类监测点合格率+D 类监测点合格率）÷3，通过计算将元数据转化为一级指标数据。完成指标自动取数，经检验正确率 100%，实现指标数据的自动采集。

实例：采用对标管理信息系统自动获取财务指标数据。

从财务管控系统数据库中，自动获取 10 个财务指标，分别是资本性资金投资保障率、资本保值增值率、资产负债率、经济增加率、现金流动负债率、流动资产周转率、成本费用收入比、单位资产售电量、净资产收益率、EBITDA 利润率，实现了指标数据的自动采集，见表 8-1。

表 8-1　　　对标管理信息系统自动获取的 10 个财务指标

序号	指标名称	指标值	单位	指标级别
1	资本性资金投资保障率	—	%	1
2	资本保值增值率	—	%	1

序号	指标名称	指标值	单位	指标级别
3	资产负债率	—	%	1
4	经济增加值率	—	%	1
5	现金流动负债比	—	%	1
6	流动资产周转率	—	%	1
7	成本费用收入比	—	%	1
8	单位资产售电量	—	千千瓦时/万元	1
9	净资产收益率	—	%	1
10	EBITDA 利润率	—	%	1

2. 指标数据审核

对标管理信息系统中通过权限配置，建立多层级审核关系。部门之间，对标管理部门可审核专业部门的数据；部门内部，部门负责人可审核部门的数据；上下级之间，上级部门可审核下级单位的数据，多层级审核确保数据的准确性。一旦数据进入审核环节，高层级可修改低层级数据，确保数据的唯一性，同时修改数据被系统记录备查，实现痕迹化管理。利用对标管理信息系统大大缩短交互审核数据的时间，体现信息化高效的优势。

3. 指标综合评价

指标数据进入对标管理信息系统后，系统按照设定的评价方法，自动计算综合评价结果，数据随时修改，结果随之变化，信息技术代替烦琐的人工计算，提高计算结果的准确性，体现信息化快捷的优势。评价结果发布后，各层级可从系统中查看评价结果。

（四）指标数据分析

对标管理信息系统可以自动生成 12 种专题分析报表，可以自动生成各层级对标工作报告，见表 8-2、图 8-7。利用对标管理信息系统的分析报表和图形展示，为各部门、各地市供电公司提供对比分析、跟踪分析、排名分析、预警分析，精准找出问题根源，大大提高了分析质量和分析效率。

表 8-2　　　　　　　对标管理信息系统 12 种专题分析报表

序号	专题分析	分析内容
1	指标对标比较	从专业方向的维度反映与选取的对标公司的差距
2	指标预警分析	从红牌、黄牌、橙牌提醒三种程度预警
3	纵向对比分析	实现任意两个时间点的段位、排名对比，并进行比对结果总结
4	灵敏度分析	反映指标灵敏度值
5	失分情况查询	反映当前某个时间周期的失分情况
6	专业排名分析	反映某个时间周期的某体系所有参评单位专业方向、总体情况同比、环比情况
7	综合结果查询	查看现行体系的评价结果
8	指标分析报表	反映现行体系的评价结果，侧重总体分析
9	指标趋势分析	查看各级单位综合、专业方向或指标的趋势图
10	指标对标查询	查看某个指标与其他单位对比情况
11	各部门对标分析	部门指标对标情况
12	修正数据查询	对比录入指标数据与评价数据的偏差率，显示指标录入准确率

（五）典型经验管理

对标管理信息系统实现了典型经验文档按专业方向、年份、发布公司分类保存。

公司可上传典型经验文件，各单位可下载典型经验文件，实现分级维护和共享。上传典型经验文件时可关联到对应管理专业，实现分专业维护。

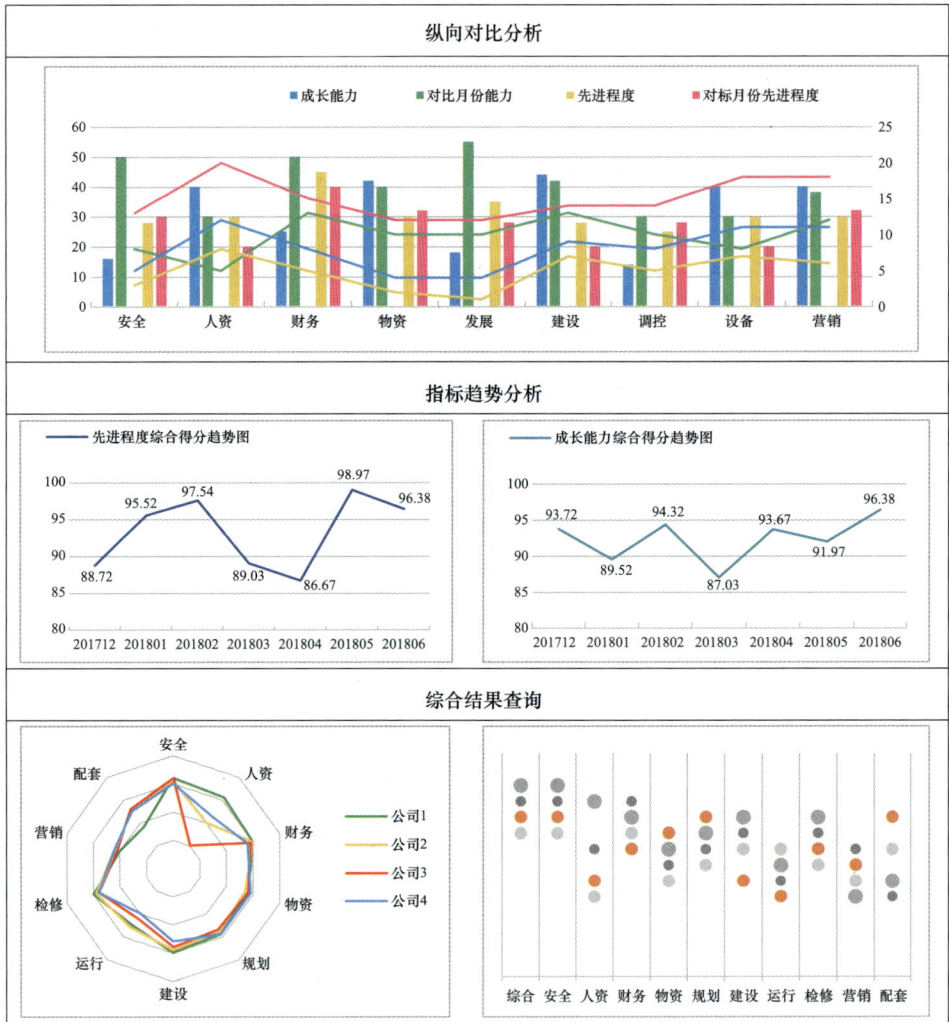

图8-7　采用对标管理信息系统分析及结果

第三节　对标管理信息系统应用成效

一、地市供电公司对标管理信息系统应用成效

（一）实现自动化管理

改变过去手工操作，对标工作由线下转为线上完成，运作效率大幅度提高。系统为各部门配备录入权限，可通过系统直接录入指标值，既可批量导入，也可自动取数，能够实时掌握指标情况，减少指标数据录入工作量。

（二）缩短业务流程时间

采用服务器集中存储，客户端分布式运行，减少电子邮件传递时所耗的时间，提高工作的时效性和针对性。系统固化审核流程，配备分管领导、对标管理部门、专业部门审核权限，三道防线审核把关，提高数据的准确性，评价结果发布后系统自动生成指标录入偏差值，避免逻辑和人为的错误。

（三）提升精准分析能力

评价结果发布后，对标管理信息系统可以自动生成 12 种专题分析报告。地市供电公司可以按需组合，形成满足各层级需求的图表式《分析简报》，同时展示给高层管理者，提升精准分析的速度，提高管理改进的能力。各部门可以通过系统查询短板指标和排名情况，与历史数据、与竞争对手对比情况。

（四）提升趋势预警能力

系统将指标分为可自动取数指标和非自动取数指标。对于自动取数指

标，系统能够实时采集数据，反映各级单位指标值，及时发现问题、采取措施消除短板。对于非自动取数指标，系统能够利用历史数据分析指标的走势，按指标短板程度进行分级分色预警。

二、县供电公司对标管理信息系统应用成效

开展县供电公司对标工作，能极大地激发基层单位争先创优的积极性，对促进地市供电公司发展，提升对标管理水平发挥重要作用。

（一）县供电公司对标管理信息系统的流程

地市供电公司对标管理部门依托对标管理信息系统的扩展功能，建立县供电公司对标指标体系（见图8-8）。对每个指标设定管理专业、评价方法、权重、参评单位范围。为各部门和县供电公司相应人员设置录入、审核、修改权限。

图8-8　在对标管理信息系统中搭建县供电公司对标指标体系

县供电公司在录入界面录入参评指标数据，提交给领导审核，经审核后上报到地市供电公司，再经各部门审定最终数据，系统运用体系中设定的评价方法，自动计算评价结果，由对标管理部门确认后发布。

县供电公司通过对标管理信息系统的分析功能，利用标杆对比、目标对比、预警分析、横向对比、纵向对比、排名分析、趋势分析等多种分析方法，生成诊断分析报告，辅助各县供电公司查找问题根源，实现"分析、整改、提升"的闭环过程。

（二）对标信息系统管理对县级对标的作用

对标管理信息系统实现了"省、地、县"一体化运作。具有向下延伸的拓展功能，基层单位不需要单独开展系统开发，利用计算机和网络，就可以轻松实现对标信息化管理。

数据统一存储，利于查询和应用。各县供电公司的数据和评价结果在公司服务器统一存储，随时可从系统中查询、调用历史数据。

固化工作流程，确保痕迹化管理。对县供电公司的指标数据实现三级审核，数据提交后不能随意更改，对于不能按期上报数据的，以及审核中数据发生变化的会被系统记录下来，确保数据的及时性、唯一性和准确性。

结果展示更直观、更清晰、更简洁。利用系统分析功能，能够立即呈现各种图表，满足县供电公司的分析需求，让对标分析简单化。

第一节　世界一流企业管理要素及管理方法

近年来，对标管理在电网企业得到广泛应用，对于促进企业业绩和管理提升发挥了重要作用，但也暴露出一些问题：过度关注排名，在追求一流管理和创新创效方面聚焦不够、投入不足，缺乏对标目标，在纵向提升上动力不足。

党的十九大提出"培育具有全球竞争力的世界一流企业"，为国有企业的发展指明了方向与目标。如何推动电网企业在国际上找目标，充分发挥对标的牵引、推动和平台作用，推进指标水平达到世界一流，成为电网企业对标发展的关键。因此，电网企业要积极开展国际对标，在国际上找一流企业，学习先进的管理理念和做法，全面升级发展理念、技术装备、核心能力，全面变革管控方式、经营模式、组织体系，率先达到世界一流水平，积极推广好的国际对标经验，在争创世界一流企业方面形成示范和引领。

一、世界一流企业十要素

2019 年，国资委研究部署中央企业创建世界一流示范企业工作，选择国家电网有限公司等十家中央企业开展先行先试，旨在带动和促进中国企业高质量发展，迈向世界一流。

国资委在《关于中央企业创建世界一流示范企业有关事项的通知》中提出建设世界一流示范企业的要求，德勤事务所从"软实力"对标方面总结了"世界一流企业十要素"，如图 9-1 所示。

（1）坚守主业重心与多元化协同发展，强调战略眼光前瞻性、差异化定位与可持续发展。

（2）建立现代企业制度，董事会职能强大。

（3）强大的领导力，促进和激励组织进行变革。

（4）组织敏捷，利用数字化手段提升管理效率。风险管控智能化，合规管理深入业务，财务管理全局化。

（5）全球视野，在快速发展的新兴市场占有先机。

（6）人才队伍综合素质高，拥有跨界工作经验与机会。

（7）创新能力强，高效的科技创新成果和商业化转换能力，可显著增加企业价值，实现多维度创新。

（8）品牌竞争力高，永远以客户为中心整合价值。

（9）并购的多主体间实现业务、市场、产品的紧密融合，实现长期运营协同价值。

（10）积极探索数字化转型，将运营与数字化合二为一构建企业核心竞争力。

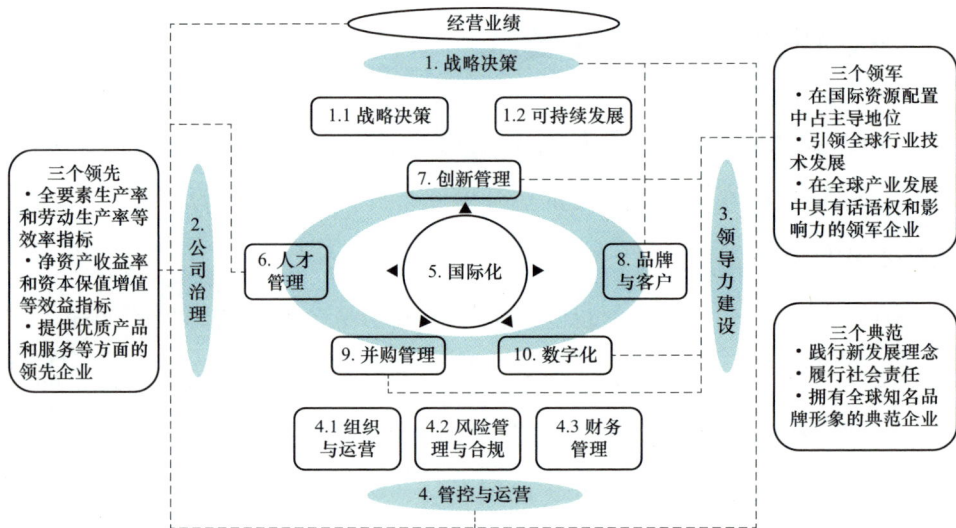

图 9-1　世界一流企业十要素

以上十要素对于电网企业推进国际化、市场化，争创世界一流企业具有重要的指引作用，一定程度上为国际对标指明了方向。

二、先进外国企业管理方法

在与澳大利亚 Jemena 和法国 Enedis 公司的国际对标实践中，我们全面深入地了解两家世界先进电网企业的电力市场环境、监管体系、技术装备和管理现状，总结出世界一流电网企业以效率、效益为核心的管理方法。

（一）扁平集约的组织管理架构

世界先进电网企业无不以资产管理为核心，基于资产管理系列标准，形成涵盖资产全寿命周期的扁平化、集约化的组织管理架构。设置覆盖全业务各环节的部门职能，充分融合生产运营和专业管理，精简纵向管理层级，减少横向部门数量，从而消除专业壁垒带来的管理不畅。某先进外国电网企业在职能管理层面上，将规划设计、项目建设、运行维护、技术管理等专业管理职能集成到资产管理部统一管理，打破了专业壁垒，推进了各项业务的高效运转；在生产运营层面上，将项目实施、电网维护、运行控制、用户服务等生产和营销业务集中到服务运营部统一执行，服务响应速度和质量得到显著提升。

（二）一体化的电网数据库

世界先进电网企业在企业层面建立一体化数据库和统一的运行模型，集成覆盖企业运营各个环节的统一信息系统。他们往往覆盖企业运营各个环节，注重应用先进的国际标准，建立贯穿战略规划、设计施工、运维管控、退役处置等资产全寿命周期的标准管理体系，实现了流程体系端到端的闭环管理，业务链条更完整，流程更畅通。某先进外国电网企业将数据作为企业最重要的资产之一，高度重视基础数据的维护管理，通过建设统一数据中心和信息系统，建立了时间跨度七十余年，覆盖规划、建设、检修、调度、营销等资产管理各环节的一体化基础数据库，数据资源全公司可用可查，实现了各专业数据的集成贯通和共享共用，避免了数据孤岛和信息壁垒的产生。

（三）以量化分析指导决策

经过长期有效的电力体制改革，世界先进电网企业在资产、投资、电价等方面面临严格的监管环境，他们更加注重效率和效益，通过基础数据的全过程管理，利用海量真实和有效的数据，深入使用量化模型，将各种影响因素进行量化，各项工作均通过模型计算进行分析比较，以此来支撑辅助决策和管理提升。例如，澳大利亚电力市场监管机构（能源委员会、能源监管局、能源市场运营公司）应用全要素生产率评价模型，评价所属

13 家配电网企业的投入产出效率，评价结果影响成本核定。在此背景下澳大利亚 Jemena 公司应用精准负荷预测模型、人才评价模型、风险量化模型、安全风险评价模型等工具，通过量化分析，提高管理决策的科学性和客观性。法国 Enedis 公司以建立项目全寿命周期的成本计算模型为基础，将技术经济方案比选贯穿规划全过程，这些成果广泛应用于电网规划建设、运维改造、自动化布点、用户接入、电厂接入和设备选择，在满足监管供电质量要求下确保了投资最小化，投资经济效益得到提升。

（四）开展综合能源服务拓展新兴市场

针对绿色发展需求、负荷增长缓慢、监管力度加大、分布式能源兴起及消费方式改变等市场环境变化，世界先进电网企业及时推动企业战略和运营模式作出应对调整，在实施精准投资、降本增效的同时，大力开展综合能源服务，开拓新兴业务市场。2015 年，法国能源管理委员会颁布《能源转型法》，计划到 2050 年能源总消耗减少 50%，温室气体减少排放 75%。为应对政策要求，法国 Enedis 公司通过发展综合能源业务应对能源结构的变化，替代部分核能发电，利用家庭用户免税优惠政策和汽车碳排放量奖励及惩罚机制帮助电力用户降低能源消耗，提升能源使用效率。

（五）主动快速响应客户用电需求

世界先进电网企业无不将智能电表作为企业重要的战略资产，将其视为配电网与用户连接沟通的关键设备，识别客户用电行为，提供税费建议、节能设备安装建议、客户分类、报装接电等主动服务，以快速满足不同类型用户需求。法国 Enedis 公司全面推广 Linky 智能电表，在内部业务实现低压和中压故障探测、供电质量监控和改善、降低非技术线损、保持数据库与电网地图更新等功能，显著提升了主动运维和抢修水平。同时，利用技术和市场手段积极发展负荷管理，充分挖掘用户海量用电数据价值，通过能效项目分类与研究、能效措施的评估与预测等精细化管理，出台需求侧激励措施，以"电力供给量决定负荷需求量"为导向，推进负荷需求侧主动响应，构建了企业增效、客户增值的共赢模式。

基于世界一流企业十要素和世界一流电网企业管理理念，我国电网企业在现代企业制度、多元化协同可持续发展、人才队伍综合素质、新兴市场拓展、数字化转型等方向仍有长足的进步空间，迫切需要外延对标管理模式，开展国际对标，直面世界一流企业，学习借鉴国际先进的现代企业与电网管理理念和做法，引进对标成果项目，推广好的国际对标经验，以此来支撑世界一流电网企业建设。

第二节　国际对标实施要点

基于对世界一流电网企业的理解和认识，针对我国电网企业在基础数据、精益管理、客户需求响应等方面存在的差距，我们认为开展国际对标有以下五个要点。

一、突出数据核心资产的理念，构建电网全域数据资产体系

"数据经营"是电网企业在大数据时代发展的重要基础，我国电网企业应该着重学习世界一流电网企业数据统一管理经验，着力在基础数据清理、统一数据中心建设、数据融合、贯通应用、智能感知终端安装及应用、电网

运行状态的实时监测等方面加强国际对标，以推动全业务线上透明化、实时化、可视化运转，提升工作质效。

二、坚持效率导向，构建设备全寿命周期精益管理体系

数字化对于设备全寿命周期的精益管理至关重要，我国电网企业应该着重学习世界一流电网企业坚持效率为先，以效率提升效益的理念和做法，着力在负荷精准预测、投资项目可研经济性比选、基于人工智能的电网智慧生产指挥系统建设、资产退役处置经济性评价等方面加强国际对标，加快构建设备全寿命周期精益管理体系，推动电网企业生产经营的数字化和智能化。

三、聚焦全息感知，深化智能电表非计量功能应用

电表作为电网企业联系客户的直接纽带，是获取客户信息的关键入口设备，我国电网企业应该着重学习世界一流电网企业智能电表高级功能应用和应用场景构建，着力拓展智能电表非计量功能，建立基于主动响应的智能电表非电量信息应用体系，全面推动客户服务提质、电网运维增效。

四、挖掘客户需求，以新兴业务创造新的利润增长点

人民电业为人民是我国电网企业不变的宗旨，满足客户需求是提升供电质量和优质服务水平的落脚点，应该着重学习世界一流电网企业居民需求侧响应的典型做法，着力积累、挖掘和应用客户用电数据，构建电力供

需互动系统，努力拓展综合能源、节能服务、电力设备改造等新兴业务，创造新的利润增长点。

五、适应能源发展趋势，科学引导新能源接入和全额消纳

为满足绿色发展要求，分布式能源大规模接入电网成为必然趋势，我国电网企业应着重学习世界一流电网企业分布式能源主动服务模式，绘制"新能源并网插座地图"，强化新能源接入的技术和体制变革，提升新能源消纳水平，更加充分地发挥电网的枢纽和平台作用。

第三节　国际对标主要做法

不同电网企业所处区域地理、经济等环境不同，发展程度不同，应坚持问题导向，遵循"因地制宜、创新提升"的原则，按照明确对标主体及内容、开展对标找差距、实施成果转化和推广三个步骤开展国际对标，系统学习世界一流电网企业管理经验，结合自身改革和发展实际，开展理论和实践创新，推动企业业绩和管理提升。

一、明确工作指导思想

电网企业应坚持紧密围绕世界一流企业建设目标，立足企业实际和改革发展要求，突出精益，精准开展国际对标。首先，要学习借鉴对标企业（列为学习对象的世界一流电网企业）现代化管理经验，完成对对标公司的

吸收转化和理论创新，在企业内部开展推广实施；其次，要总结国际对标经验，形成常态工作机制，深化"实践上升为理论，又指导实践"的对标模式，推动企业管理效率、安全水平、服务质量和经济效益全面提升，不断提高企业管理水平，早日实现世界一流。

二、聚焦对标实施主体，明确对标企业

电网企业应聚焦国情企情、监管环境、技术装备优势、现代管理理念、国际对标经验等，在外部选取合适的公司作为对象，开展国际对标。具体来说，在国际上以开放的视野选择电力体制改革充分，电力市场成熟，监管环境严格，电网、设备和技术水平领先，现代电网管理理念先进，管理流程规范化、标准化、精益化，具备较丰富国际对标和管理咨询经验的电网企业作为对标对象。

与此同时，要聚焦技术装备水平、人员综合素质、精益管理水平、国际对标经验、试点示范效应等，在企业内部选取合适的公司作为对标主体，开展国际对标。在电网企业内部，选择电网技术装备水平、管理水平领先，电网结构坚强，供电可靠性、优质服务、同期线损等核心指标处于标杆地位，具备国际对标经验的公司作为对标主体，促进国外一流电网管理经验的吸收和转化，更加充分地发挥国际对标的示范和引领作用。

三、结合改革发展现状，明确对标内容

电网企业应以"突出精益，精准对标"为主线，结合现阶段电网企业

改革发展面临的新形势、新要求，重点针对企业管理中存在的主要短板和薄弱环节，聚焦能源资源配置、电网规划发展、资产全寿命周期管理、安全质量管理、设备运维检修管理、智能电表高级应用、需求侧主动响应、新能源接入及消纳管理、市场拓展与营销、综合能源服务、人力资源管理等重点专题开展交流学习。在内容侧重上，一要针对如何提高精益管理水平，实现精准投入、提高产出，最大限度发挥电网资产价值，降低电网运营成本，推动效率提升。二要针对如何突出"以人为本"，选择提高人员投入产出效率的专题，充分发挥人力资源价值，提高人员投入产出效率。三要针对如何更好地适应电力市场化改革要求，增强市场竞争能力，提高服务质量和市场响应速度，提升客户体验。四要针对如何更好地适应能源变革要求，选择新能源消纳的课题，服务新能源发展。

四、建立周密完善的组织体系和工作机制

（一）成立国际对标领导小组和工作小组

开展国际对标，应成立主要领导任组长的领导小组和配套的工作小组。其中，领导小组负责统筹协调国际对标工作，审议实施方案，协调解决推进过程中的重大问题。在对标归口管理部门设置国际对标办公室，负责落实领导小组工作要求，督导相关工作有序开展。按照重点任务成立工作组，负责推进学习交流、成果研究、成果转化、推广应用等重点任务实施；成立保障支撑工作组负责成果研究及专业支撑，进一步明确职责分工，协同推进国际对标。

（二）建立完善的常态工作机制

健全的工作机制，对于推进国际对标落地实施具有重要意义，要着重

建立三项机制，以强化对标工作的闭环管控。一是建立月度简报机制，每月总结重点任务进展情况，形成工作简报，包含概述、重点事记、重点任务、成效展示、工作纪实、工作交流等部分，督导国际对标工作有序开展；二是建立工作例会机制，定期召开工作例会，加强专业协同和纵向贯通，协调解决项目实施过程中遇到的问题；三是建立节点管控机制，细化工作计划，形成重点任务清单，按里程碑节点强化重点任务实施情况的通报、推进和考核。

五、深入学习管理经验，积极开展对标找差

（一）突出对标重点，开展经验学习

"走出去，引进来"是学习先进企业管理理念和做法的重要方式，一方面要带着重点课题赴国外对标企业开展实地考察学习，另一方面要邀请国外对标企业高管团队和业务专家来国内进行对标交流。聚焦明确的重点对标内容，通过集中讲座介绍对标企业整体情况、相关重点专题的业务模式和管理方法；组织国外专家团队赴调度中心、变电站、运维检修等现场开展实地交流，比对双方差异。同时，着眼重点规章制度和技术标准，开展收资工作，建立稳定高效的沟通渠道，提升学习交流效果。

（二）注重总结提炼，开展成果研究

在开展经验学习后，要全面梳理对标企业的核心管理理念和主要管理做法，分析双方主要管理特点和差异，系统总结世界一流电网企业在管理上应该具有的本质特征、基本要素及存在的主要差距，研究确定成果提炼重点内容，编制试点转化工作计划。

六、坚持借鉴和创新并重，推进成果转化落地

国际对标的关键环节，在于先进管理经验的引进、消化吸收和再创新。国情不同、文化背景不同、体制机制和管理理念上的差异，是国际对标管理先进经验转化落地的难点所在。要强化总结提炼世界一流电网企业的先进管理理念和主要做法，结合电网企业业务管理实际，坚持问题导向，因地制宜地开展先进管理经验的转化落地，进行实践再创新。

一方面要聚焦制约企业发展的质量、效率、效益等方面难点问题，结合电网企业监管环境、电力市场环境、电网特征、管理现状，明确重点转化任务。另一方面，要选取数据基础扎实、电网结构坚强、装备设备优良、管理先进、用电客户典型的特定区域，落地重点项目，推进对标成果的转化。

七、坚持因地制宜和创新提升，实施成果扩大推广

国际对标的落脚点是先进管理成果的广域应用，进而推动电网企业在更大范围转变管理理念，开展管理实践，形成先行先试、重点推广、广域应用、创新提升的良性迭代循环，以推进企业管理现代化，逐步达到世界一流水平。电网企业要科学评估成果转化成效，固化典型转化模式，分重点试点、全面推广两个阶段，选取业务提升效果好、可推广性强、经济效益高的重点成果，明确重点推广企业、重点推广任务和进度安排。然后，认真分析电网发展水平、设备装备水平、管理现状、地理环境等客观差异，选择合理的技术路线和实施方法。最后，坚持创新提升，充分借鉴世界一

流电网管理实践，大胆开展理论和实践再创新，实施成果扩大推广和深化应用，形成"比学赶超、争当标杆"的良好对标局面，推动电网企业整体指标水平和管理水平的提升。

第四节　国际对标主要项目及案例

本节主要介绍已落地的优秀国际对标项目和形成的国际对标典型案例，以求为各电网企业开展国际对标成果转化和扩大推广提供启示和借鉴。

一、国际对标主要项目

（一）牢固树立"数据是基础"的理念，构建配电网全域数据资产体系

应用成果 1：配电网全域数据资产体系构建。一是通过安装智能配变终端，实施智能电表宽带载波改造，实现中低压配电网智能化信息全采集。二是开展推广区域 23 条 10 千伏线路、386 个台区、5.55 万户用户基础数据清理；坚持"控增量，消存量"基本策略，按照"谁建设谁采录，谁发起谁负责"的管理原则，建立数据质量长效管控机制，确保"站—线—变—表—户"一致率 100%。三是打破专业壁垒，打造统一数据中心，获取运检 PMS2.0、营销 SG186、用电信息采集等业务系统数据，为其余 7 个成果推广夯实数据基础。四是建设企业级运营数据服务平台，构建配电网实时监测、客户投诉分析、电网项目建设全流程管控等多应用场景，推进数据的

融合贯通和共享服务。

（二）坚持效率为先，建立精益、精准、智能的配电网规划、投资、运维、退役体系

应用成果 2：基于多因素组合分析的配电网精细化负荷预测模型。一是基于各类用户历史负荷数据，分析负荷特性参数，掌握用电特性。二是分别利用"空间负荷密度法""空间推论预测法""负荷叠加法"开展远、中、近期"三段式"负荷预测；采用空间上"自上而下、自下而上"和时间上远、中、近期的"两段式"校核修正，提高模型实用性及预测精度。三是建立负荷预测平台，实现电网负荷的自动预测，负荷预测准确率超过 95%，为电网规划建设、调度运维及需求侧管理提供有力支撑。

应用成果 3：一流现代配电网精益规划与管理提升。一是统筹配网安全、可靠与经济性，提出高中压协调、一二次协调、供电分区协调的"三协调"配电网规划思路，实现科学投资成本最优。二是通过细化规划目标、扁平化中压电网结构、制定用户典型接入方案等方式，优化配电网典型结构，推进规划效率提升。三是以"七图三表""九宫格"等配电网网格化规划成果为统领，统筹网改、新居配、迁改用户工程规划建设，确保一张蓝图绘到底。四是创新打造电网建设"政企协同模式"，实现电网建设由传统的"电网攻坚、政府支持"向"政府挂帅、协同推进"转变，建设周期缩短 50% 以上。五是稳步推进"网上电网"业务平台建设，逐步实现线上规划功能。相关成果应用于军运会保电项目实施方案、世界一流城市电网建设方案编制，实现规划效率效益最优。

应用成果 4：量化的精准投资模型。结合公司中法配网规划咨询合作成果，创新提出"三率"（电压合格率、线损率和供电可靠率）成本理论，研究一套全面覆盖供配电安全、电网运营效益的配电网精准投资模型，将电力资产投资转变为风险成本控制，统一量化为以货币为单位的指标，多维度开展投资经济性方案比选，配网投资精准度有效提升。

应用成果5：配电网主动抢修系统。一是通过安装各类智能感知终端，实现线路、台区、用户停电信息的准确自动采集。二是基于配电网全域数据资产体系，融合用电信息采集、配电自动化等系统的线路开关状态，台区及用户停电、电流电压等实时数据，实现线路、台区、用户故障停电和台区低电压、重过载等异常状态实时研判和主动预警。三是通过短信平台，实现抢修工单的自动派发，推动故障抢修模式由被动应对转向主动响应，抢修到达现场时长下降50%，军运会保电决战期间实现连续19天"零投诉"，创单月投诉量历史新低。

应用成果6：移动终端在配电网运检业务的实用化。学习借鉴法国Enedis公司广泛而有效使用移动终端的做法，突出移动终端在现场作业的实用化。通过优化整合现场作业业务，开发统一App应用，实现推广区域配电网抢修移动作业全覆盖，移动终端与生产系统无缝对接，全面提升运检现场管理质量和效率。

应用成果7：科学的资产退出机制。一是编制《固定资产管理操作手册》，分析逾龄资产健康状态，提出分类处置建议，完成推广区域2.3万条逾龄资产清理。二是建立项目与退役"四同步三衔接"管理机制，强化报废计划管控，实现资产退役及再利用闭环管理。三是打造设备退役及再利用一体化平台，实现资产退出全流程贯通、全过程线上管控，废旧物资处置时长缩短60%，报废资产年均成新率下降7.8%，处置收入提升150%。

（三）充分挖掘智能电表非计量功能，发挥其在增强配电网和客户智能感知方面的潜力和作用

应用成果 8：打造智慧用电小区，以非侵入的方式辨识用户的安全用电行为，实现 5 大类典型用电电器类型、用电时间、电压电流等用电信息的实时全感知，利用主站、手机 App 的主动监测、预警和流程处理，构建分层分级的主动供用电服务体系，在 25 秒内响应用电隐患和供电故障，提升客户用电体验。同时，自动识别低压线路拓扑关系及相位，辨识准确度达 100%，实现台区线损实时分析，有效解决低压侧数据质量难题，强化营销基础管理。

二、国际对标主要案例

（一）案例一：构建量化模型，实现精准投资

在电力体制改革背景下，电网企业迫切需要提升精准投资水平来实现提质增效和高质量发展。当前，电网投资特别是配电网投资在满足电力安全运行的基础上，还要尽可能形成满足社会公共服务的基本服务收益和满足电力商品属性的增值服务收益。要实现这种差异化的精准分析，必须构建量化模型将电力资产量化到统一基准，并与输配电价和服务收益进行量化比较，实现精准投资。

1. 主要思路

量化的精准投资模型是一种基于"缺供电价"理念的配网投资决策模型。在电网停电时，"缺供电量"（区域内因停电缺发的电量）是已知的，将"缺供电量"的单价与区域发展、国民生产总值等因素挂钩，得到每个

网格的停电社会综合成本电价——"缺供电价",就可以把停电引起的经济损失和社会损失量化,再通过对不同技术方案进行技术经济比较,找出最优方案,最终达到优化项目方案及建设时序,形成精益化配网投资策略的目的。

2. 主要做法

一是开展精准投资模型理论研究。以"安全、质量、效益"为中心,创新提出"三率"(电压合格率、线损率和供电可靠率)成本理论,将表征电网业务运行的指标统一量化为以货币为单位的指标,将电力资产投资转变为风险成本控制。二是完成模型构建与指标成本量化计算。建立一套全面覆盖供配电安全、电网运营效益的配电网精准投资模型,采用三种量化方式——单位容量损耗成本法、单位长度年度损耗成本量化法、基准负荷矩损耗成本量化法,实现投资模型中线损率和供电可靠率的成本量化,并考虑高可靠性用户、商住两用等特殊用户,有针对性地优化模型参数,使之符合地区发展目标以及用户用电特性,强化模型的实用性。三是开展多维度开展投资经济比选。在电网规划工作中,以供电目标量化电网投资总量,并按照成本收益优先的原则,应用量化的精准投资模型,实现配电网规划项目优选排序,优选网改、迁改等 30 个项目开展模型调试,验证了模型的有效性,指导项目方案比选,支撑投资前决策工作,实现配电网规划精准投资如图 9-2 所示。

3. 主要成效

一是提出用"缺供电价"量化供电可靠率指标,将"电压合格率、同期线损率、供电可靠率、设备利用率、电量增长率"统一量化到投资和收益上来,解决跨部门统筹难,跨专业沟通难的问题。二是深化了对同期线

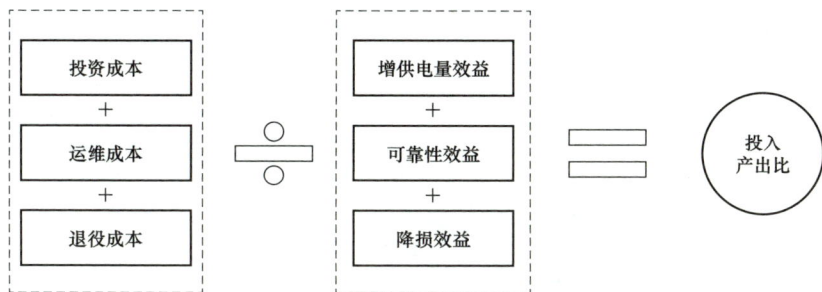

图 9-2　投入产出比

损数据的分析应用，从线损监测治理出发，分析地区用电特征对配电网供电成本的影响，从而形成具有地区发展特点的配电网投资规划成本指标。三是精准投资模型融入地方特色，将行业、地区 GDP 分析应用引入电网投资规划应用之中，实现了与线损指标、可靠性指标的统筹，对配电网差异化、科学化可持续发展提供了投资决策参考，分区分类地实现投资决策，做到点对点地精准投资。四是本项目开发出适用于网格化规划成果的线路改造方案投资成本测算程序，可指导配网规划项目安排时序。

（二）案例二：打造主动抢修系统，提升优质服务水平

当前，随着新一轮电力体制改革对电力产业格局的重塑，电网企业经营模式发生深刻变革，市场选择的决定性作用和服务能力的关键作用日益凸显，打造配电网主动抢修系统，对于构建电网企业现代服务体系，提升客户用电体验尤为关键，配电网主动抢修系统功能如图 9-3 所示。

1. 主要思路

利用 TTU、DTU、FTU、智能电表等智能终端，实现线路、台区、用户停电信息的准确自动采集。基于配电网全域数据资产体系，打通用电信息采集、配电自动化、营销 SG186 等系统，实现用户停电和中低压故障、台区低电压、重过载、三相不平衡等异常状态实时自动研判、抢修工单自

动派发，打造配网主动抢修模式。

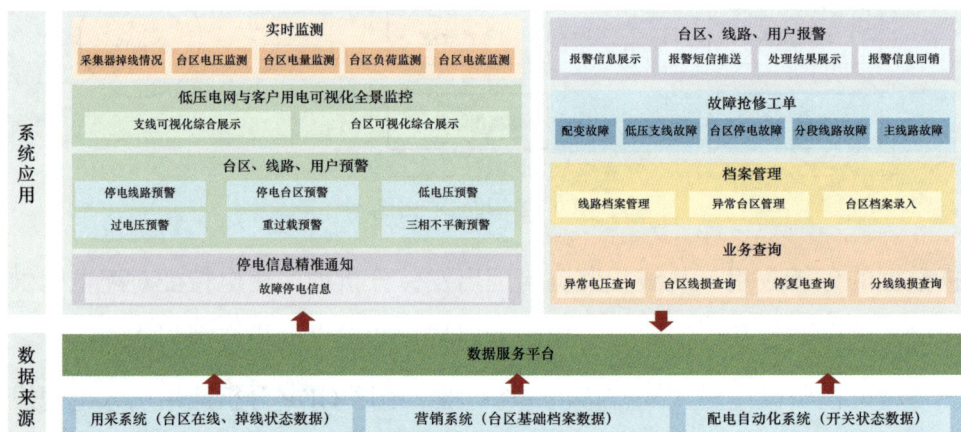

图 9-3　配电网主动抢修系统功能图

2. 主要做法

一是实施设备改造升级。为推广区域线路、台区、低压用户安装智能感知终端，实现 TTU、集中器、智能电表等设备信息自动准确采集。二是开展数据治理，集成数据信息。基于配电网全域数据资产体系建设成果，获取融合后的线路开关状态、台区及用户停电、电流电压等数据信息，对台区基础资料、线变关系、"站—线—变—户"的拓扑信息进行维护，自动形成线变逻辑单线图，为系统建设夯实数据基础。三是开发配电网主动抢修系统。通过监测配电网络状态，开展跨业务系统的数据比对分析，对线路停电、台区停电、台区运行异常、用户停电等情况进行智能研判，实现 2 分钟内停电事件主动预警。四是开发应用短信平台，实现停送电信息精准到户。通过打通配电网主动抢修系统与短信平台接口，应用短信功能，实现将故障研判结果以主动抢修工单的形式推送至抢修人员的手持终端，将停复电信息主动发送至客户手机，推动配电网故障抢修模式由被动应对全面转向主动响应。

3. 主要成效

实现了线路、台区、用户故障停电和台区低电压、重过载等异常状态实时研判、主动预警以及抢修工单的自动派发，推动配电网故障抢修由被动应对式全面转向主动响应式，提升优质服务水平。

附录 A　某地市供电公司上半年对标分析报告

根据省电力公司发布的 14 个地市供电公司上半年对标结果，公司（附录 A 中公司一律指某地市供电公司）综合对标排第 1 名，同比提升 1 位；业绩对标排第 2 名，同比下降 1 位；管理对标排第 4 名，同比提升 1 位；人资、财务、运行 3 个专业进入标杆范围。现将相关情况通报如下，见表 A-1。

表 A-1　　　　　　公司各类排名一览

综合评价		本期排名	环比	同比
综合评价		1	2	1
业绩评价		2	2	−1
按业务模块分类	电网坚强	10	−9	−5
	资产优良	1	0	3
	服务优质	11	3	−9
	业绩优秀	1	3	2
	现代公司	1	0	3
按部门分类	安监部	7	6	−1
	人资部	1	0	0
	财务部	1	1	2
	发展部	1	—	0
	调控中心	1	0	0
	运检部	8	−7	−7
	营销部	11	3	−8
	综合服务中心	1	—	4
	运监中心	1	0	0
	办公室	1	—	0

续表

综合评价		本期排名	环比	同比
		1	2	1
管理评价		4	0	1
按管理分类	安全管理	4	5	2
	人资管理	1	4	0
	财务管理	1	0	1
	物资管理	4	−3	2
	规划管理	8	—	0
	建设管理	8	−3	−3
	运行管理	1	0	12
	检修管理	7	6	−2
	营销管理	4	1	0
	配套保障	5	−1	5
	配套保障（办公室）	1	—	0
	配套保障（发展部）	1	3	4
	配套保障（综合服务中心）	1	0	0
	配套保障（信通分公司）	9	−4	−1

说明：蓝色表示较好，黄色表示较严重，红色表示很严重。

一、综合对标情况

综合对标是业绩对标与管理对标的总和，共 145 项指标，总分 1000 分，本期发布 127 项指标，总分 857.994 分，占比 85.80%。公司得 715.584 分，失 142.410 分，排第 1 名，同比提升 1 位。

二、业绩对标情况

业绩对标分 5 个业务模块，共 55 项指标，总分 300 分，本期发布 43 项指标，总分 248.994 分，占比 83%。公司得 213.509 分，失 35.485 分，排第 2 名，同比下降 1 位。

从业绩对标 5 个模块指标来看，电网坚强排第 10 名，同比退步 5 名；资产优良排第 1 名，同比进步 3 名；服务优质排第 11 名，同比退步 9 名；业绩优秀排第 1 名，同比进步 2 名；现代公司排第 1 名，同比进步 3 名。

从各部门业绩排名情况看，安监部排第 7 名，同比退步 1 名；人资部、发展部、调控中心、运监中心、办公室排名均为第 1 名，同比持平；财务部排第 1 名，同比进步 2 名；运检部排第 8 名，同比退步 7 名；营销部排第 11 名，同比退步 8 名；综合服务中心排第 1 名，同比进步 4 名。

各部门业绩排名情况分析如下。

（一）安监部业绩排名情况分析

安监部有 10 项业绩指标，本期全部发布，排第 7 名，环比提升 6 位，失 9.07 分，与第一名相差 5.16 分。

在发布的 10 项业绩指标中，8 项指标得 4 分，"资产全寿命周期管理综合绩效增长率"进步明显。影响安监部排名的指标是"变电事故率"，得 1 分，排第 11 名，按权重失 2.81 分；"输电事故率"，得 2 分，排第 10 名，按权重失 2.34 分；请安监部、运检部加强协同配合，共同提升此 2 项安全事件类指标。

（二）财务部业绩排名情况分析

财务部有 10 项业绩指标，本期全部发布，排第 1 名，按权重失 13.05 分。

在发布的 10 项业绩指标中，6 项指标得 4 分，"每万元电网资产运行维护成本增长率"进步较大。应注意的是"营业收入三年平均增长率"得 2 分，排第 6 名，按权重失 4.5 分；"流动资产周转率"得 2 分，排第 5 名，按权重失 3.6 分。

在业绩对标中，财务指标数量多、权重大，是公司的"拉分项目"，希望财务部争取更多的指标达到 4 分，为公司整体对标水平提升作出更大贡献。

（三）营销部业绩排名情况分析

营销部有 12 项业绩指标，本期发布 11 项，排第 11 名，同比退步 8 名，按权重失 16.45 分。

在发布的 11 项业绩指标中，3 项指标得 4 分，3 项指标得 3 分，影响营销部排名的指标是"优质服务评价指数"得 2 分，排第 13 名，按权重失 7.69 分；"购电计划执行率"得 2 分，排第 14 名，按权重失 1.58 分；"合同管理规范率"得 2 分，排第 4 名，按权重失 1.58 分；"结算数据准确率"得 2 分，排第 7 名，按权重失 1.58 分。

"优质服务评价指数"权重较大、失分较多，是公司业绩对标未排名第一的主要原因，由于此指标为分段评价，指标值达到 98 分（公司得分为 97.57 分）即为 3 分，按权重可提升 3.85 分，请营销部予以足够重视，力求此指标优先达到 3 分。同时，进一步提升交易类指标，消除问题短板，加强沟通汇报，提升公司整体业绩对标排名。

（其他专业省略）

根据业绩指标影响公司业绩排名的程度,"表 A-4"按部门给予了不同星级的评价,"表 A-5"按指标给予了不同星级的评价,"★"越多,表示对公司对标排名的影响越大,下一步应着力提升管理水平。

(四)综合对比分析

将业绩失分指标按分值排序,列出了失分前十名指标,其中失分较多的是"优质服务评价指数""营业收入三年平均增长率"和"流动资产周转率"等,见表 A-2。

表 A-2　　　　　　　　业绩失分前十名指标一览

序号	业绩指标	牵头部门	段位得分	指标排名	实际得分	实际失分
1	优质服务评价指数	营销部	2	13	15.39	7.69
2	营业收入三年平均增长率	财务部	2	6	9.00	4.50
3	流动资产周转率	财务部	2	5	7.20	3.60
4	变电事故率	安监部	1	11	3.75	2.81
5	边际贡献增长率	财务部	3	5	10.80	2.70
6	输电事故率	安监部	2	10	4.69	2.34
7	有效资产增长率	财务部	3	2	9.00	2.25
8	合同管理规范率	营销部	2	4	3.16	1.58
9	结算数据准确率	营销部	2	7	3.16	1.58
10	购电计划执行率	营销部	2	14	3.16	1.58

三、管理对标情况

管理对标分 10 个专业,共 90 项指标,总分 700 分,本期发布指标 84

项，总分 609 分，占比 87%。公司得 502.075 分，失 106.925 分，排第 4 名，同比进步 1 名。

从各专业排名情况看，安全管理排第 4 名，同比进步 2 名；人资管理排第 1 名，同比持平；财务管理排第 1 名，同比进步 1 名；物资管理排第 4 名，同比进步 2 名；规划管理排第 8 名，同比退步 3 名；建设管理排第 8 名，同比退步 3 名；运行管理排第 1 名，同比进步 12 名；检修管理排第 7 名，同比退步 2 名；营销管理排第 4 名，同比持平；配套保障排第 5 名，同比进步 5 名，在配套保障中，办公室和综合服务中心负责的指标排第 1 名，同比持平；发展部负责的指标排第 1 名，同比进步 4 名，信通分公司负责的指标排第 9 名，同比退步 1 名。

各部门管理排名情况分析如下。

（一）安全管理排名情况分析

安全管理有 6 项指标，本期全部发布，排第 4 名，同比进步 2 名，失 14 分，与第一名相差 7 分。

在发布的 6 项管理指标中，4 项指标得 4 分。影响安全管理排名的指标是"《安规》调考评价指数"得 2 分，排第 10 名，按权重失 7 分；"安全隐患排查治理工作评价指数"得 2 分，排第 9 名，按权重失 7 分。

（其他专业省略）

（二）管理失分前十名指标一览

将管理失分指标按分值排序，列出了失分前十名指标，其中失分较多的是"主网规划准确率""《安规》调考评价指数""安全隐患排查治理工作评价指数""建设任务与项目管理完成指标"等，见表 A-3。

表 A-3　　　　　　　　　管理失分前十名指标一览

序号	管理指标	牵头部门	段位得分	指标排名	应得分	实际失分
1	主网规划准确率	发展部	1.80	12.00	14.00	7.70
2	《安规》调考评价指数	安监部	2.00	10.00	14.00	7.00
3	安全隐患排查治理工作评价指数	安监部	2.00	9.00	14.00	7.00
4	建设任务与项目管理完成指标	建设部	2.00	14.00	14.00	7.00
5	统计工作质量	发展部	1.40	14.00	10.50	6.83
6	仓储物流基础管理指数	物资中心	2.00	9.00	10.50	5.25
7	基建安全管理综合指标	建设部	2.00	9.00	10.50	5.25
8	计划经营工作质量	发展部	1.40	14.00	7.00	4.55
9	计划管理规范指标	物资中心	2.00	8.00	8.40	4.20
10	通信安全运行指数	信通分公司	0	16.00	4.20	4.20

根据业绩指标影响公司业绩排名的程度,"公司各部门业绩排名'星级'评价表"(见表 A-4)按部门给予了不同星级的评价,"公司业绩指标'星级'评价表"(见表 A-5)按指标给予了不同星级的评价,"★"越多,表示对公司对标排名的影响越大,下一步应着力提升管理水平。

根据管理指标影响公司管理排名的程度,"公司对标管理排名'星级'评价表"(见表 A-6)按不同的部门给予了不同星级的评价,"公司管理指标'星级'评价表"(见表 A-7)按指标给予了不同星级的评价,"★"越多,表示对公司对标排名的影响越大。

综合来看,公司业绩对标具有一定优势,人资部、财务部指标优势明显,但安监部、运检部、营销部指标排名靠后,主要是"变电事故率"

"输电事故率"等跳闸类指标，"优质服务评价指数"等服务类指标短板明显，公司在强化主动运维和投诉管控等方面需要加大工作力度。公司管理对标未进入标杆范围，呈现梯度分化趋势，人资、财务、运行等 3 个专业均排第 1 名，具备专业优势；物资、营销、配套等 3 个专业处于中上游水平；规划、建设、检修 3 个专业处于中下游水平，须着重提升"《安规》调考评价指数""主网规划准确率""建设任务与项目管理完成指标""仓储物流基础管理指数"等短板指标，推进公司管理对标夺标进位。

表 A-4　　　　　公司各部门业绩排名"星级"评价表

| 部门 | 排名 | 指标数 | | 应得分 | | 本期实际得分 | | 本期实际失分 | | | 失分影响排名程度 |
		年度指标数	本期指标数	年度应得分	本期应得分	实际得分	得分率（%）	实际失分	本专业失分率（%）	占总失分率（%）	
安监部	7	10	10	58.53	58.53	53.37	91.19	5.16	8.81	14.38	★★
人资部	1	3	2	7.50	5.25	5.25	100.00	0	0.00	0.00	
财务部	1	10	10	82.20	82.20	69.15	84.12	13.05	15.88	36.39	★★★★
发展部	1	9	1	39.84	1.80	1.80	100.00	0	0.00	0.00	
调控中心	1	1	1	9.60	9.60	9.60	100.00	0	0.00	0.00	
运检部	8	5	4	26.58	24.18	22.98	95.04	1.20	4.96	3.35	
营销部	11	12	11	62.79	56.63	40.55	70.95	16.08	29.05	45.88	★★★★★
综合服务中心	1	1	1	3.36	3.36	3.36	100.00	0	0.00	0.00	
运监中心	1	3	2	7.20	5.04	5.04	100.00	0	0.00	0.00	
办公室	1	1	1	2.40	2.40	2.40	100.00	0	0.00	0.00	
业绩评价	2	55	43	300	249.00	213.51	85.60	35.49	14.40	—	

表 A-5　　　　　　　　　公司业绩指标"星级"评价表

部门	序号	分类	对标指标	应得分	指标值	段位得分	实际得分	实际失分	失分影响排名程度
安监部	1	电网坚强	输变电系统故障停运平均恢复时间	14.40	0	4	14.40	0	
	2	资产优良	退役变压器的平均寿命	4.32	26.00	4	4.32	0	
	3	资产优良	退役断路器的平均寿命	2.88	20.00	4	2.88	0	
	4	资产优良	资产全寿命周期管理综合绩效增长率	3.60	4.50	4	3.60	0	
	5	服务优质	城市用户供电可靠率	14.58	99.97	4	14.58	0	
	6	业绩优秀	人身伤亡（不含电力生产死亡）	5.63	0	4	5.63	0	
	7	业绩优秀	误操作事件	3.75	0	4	3.75	0	
	8	业绩优秀	输电事故率	4.69	0.23	2	2.34	2.34	★★★
	9	业绩优秀	变电事故率	3.75	0.025 6	1	0.94	2.81	★★★
	10	业绩优秀	信息事件数	0.94	0	4	0.94	0	
人资部	1	业绩优秀	全口径劳动生产率	3.00	2 301 349	4	3.00	0	
	2	业绩优秀	全口径人工成本投入产出效率指数	2.25	11.04	4	2.25	0	
	3	业绩优秀	高端人才占比	2.25	—	—	—	—	
财务部	1	资产优良	流动资产周转率	7.20	225.32	2	3.60	3.60	★★★★
	2	资产优良	固定资产报废处置完成率	4.80	51.92	4	4.80	0	
	3	资产优良	单位资产售电收入	7.20	0.29	4	7.20	0	
	4	资产优良	营业收入三年平均增长率	9.00	2.65	2	4.50	4.50	★★★★
	5	资产优良	有效资产增长率	9.00	2.15	3	6.75	2.25	★★★
	6	业绩优秀	成本费用收入比	10.80	76.18	4	10.80	0	
	7	业绩优秀	每万元电网资产运行维护成本增长率	7.20	-61.48	4	7.20	0	
	8	业绩优秀	EBITDA 利润率	8.10	35.48	4	8.10	0	
	9	业绩优秀	经营贡献度	8.10	387.18	4	8.10	0	
	10	业绩优秀	边际贡献增长率	10.80	6.73	3	8.10	2.70	★★★

续表

部门	序号	分类	对标指标	应得分	指标值	段位得分	实际得分	实际失分	失分影响排名程度
发展部	1	电网坚强	110 千伏电网 $N-1$ 通过率	7.20	—	—	—	—	
	2	电网坚强	10 千伏电网 $N-1$ 通过率	7.20	—	—	—	—	
	3	电网坚强	容载比	6.00	—	—	—	—	
	4	电网坚强	10～110 千伏线路最大负载率	3.60	—	—	—	—	
	5	资产优良	单位电网投资增售电量	4.80	—	—	—	—	
	6	现代公司	科技成果指数	5.04	—	—	—	—	
	7	现代公司	变电站噪声超标防范与治理工作成效指数	1.80	—	—	—	—	
	8	现代公司	六氟化硫回收利用率	1.80	100.00	4	1.80	0	
	9	现代公司	技术标准创制	2.40	—	—	—	—	
调控中心	1	电网坚强	主网电压合格率	9.60	—	4	9.60	0	
运检部	1	电网坚强	220 千伏及以上标准化线路比例	4.80	100.00	4	4.80	0	
	2	电网坚强	220 千伏及以上精益化变电站比例	4.80	94.87	3	3.60	1.20	
	3	电网坚强	配网架空线路网架合理率	2.40	—	—	—	—	
	4	服务优质	城市综合供电电压合格率	8.75	99.999	4	8.75	0	
	5	服务优质	农网综合供电电压合格率	5.83	99.994	4	5.83	0	
营销部	1	资产优良	电费回收月均水平	7.20	99.98	4	7.20	0	
	2	服务优质	业扩报装服务规范率	9.23	100.00	4	9.23	0	
	3	服务优质	优质服务评价指数	15.39	97.57	2	7.70	7.70	★★★★★
	4	服务优质	星级乡镇供电所建设评价指数	6.16	—	—	—	—	
	5	服务优质	合同管理规范率	3.16	84.00	2	1.58	1.58	★★
	6	服务优质	结算数据准确率	3.16	92.00	2	1.58	1.58	★★
	7	服务优质	购电计划执行率	3.16	89.85	2	1.58	1.58	★★

续表

部门	序号	分类	对标指标	应得分	指标值	段位得分	实际得分	实际失分	失分影响排名程度
营销部	8	服务优质	新能源全额消纳率	4.21	91.95	3	3.16	1.05	★★
	9	服务优质	直接交易服务规范率	4.212	90.00	3	3.16	1.05	★★
	10	服务优质	交易平台深化应用率	3.159	93.80	3	2.37	0.79	★
	11	业绩优秀	自备电厂管理规范率	1.50	98.50	2	0.75	0.75	★★
	12	业绩优秀	电能替代市场发展指数	2.25	96.05	4	2.25	0	
综合服务中心	1	现代公司	管理创新指数	3.36	100.00	4	3.36	0	
运监中心	1	现代公司	对标工作成效指数	2.16	—	—	—	—	
	2	现代公司	对标工作质量指数	1.44	100.00	4	1.44	0	
	3	现代公司	运监协同工作效率	3.60	98.76	4	3.60	0	
办公室	1	现代公司	制度标准执行指数	2.40	100.00	4	2.40	0	

说明：黄色表示较严重，红色表示很严重，"★"越多表示越严重。

表 A-6　　　　　　公司对标管理排名"星级"评价表

类别	本期排名	指标数		应得分		本期实际得分		本期实际失分			失分影响排名程度
		年度指标数	本期指标数	年度应得分	本期应得分	实际得分	得分率（%）	实际失分	本专业失分率（%）	占总失分率（%）	
安全管理	4	6	6	70.00	70.00	56.00	80.00	14.00	20.00	13.09	★★
人资管理	1	9	7	70.00	49.00	49.00	100.00	0	0.00	0.00	
财务管理	1	6	4	70.00	17.50	17.50	100.00	0	0.00	0.00	
物资管理	4	8	8	70.00	70.00	50.05	71.50	19.95	28.50	18.66	★★★★★
规划管理	8	7	7	70.00	70.00	46.38	66.25	23.63	33.75	22.09	★★★★★
建设管理	8	7	7	70.00	70.00	50.75	72.50	19.25	27.50	18.00	★★★★★
运行管理	1	8	6	70.00	52.50	52.50	100.00	0	0.00	0.00	

续表

类别		本期排名	指标数		应得分		本期实际得分		本期实际失分			失分影响排名程度
			年度指标数	本期指标数	年度应得分	本期应得分	实际得分	得分率（％）	实际失分	本专业失分率（％）	占总失分率（％）	
检修管理		7	15	15	70.00	70.00	62.65	89.50	7.35	10.50	6.87	★
营销管理		4	10	10	70.00	70.00	61.25	87.50	8.75	12.50	8.18	★
配套保障		5	14	14	70.00	70.00	56.00	80.00	14.00	20.00	13.09	★★
配套管理	办公室	1	1	1	7.00	7.00	7.00	100.00	0	0.00	0.00	
	发展部	1	2	2	8.40	8.40	7.35	87.50	1.05	12.50	0.98	
	综合服务中心	1	3	3	21.00	21.00	21.00	100.00	0	0.00	0.00	
	信通分公司	9	8	8	33.60	33.60	20.65	61.46	12.95	38.54	12.11	★★★★
管理评价		4	90	84	700.00	609.00	502.08	82.44	106.93	17.56	—	

说明：蓝色表示较好，绿色表示权重较大，黄色表示较严重，红色表示很严重。

表 A-7　　　　　公司管理指标"星级"评价表

专业名称	序号	对标指标	应得分	指标值	段位得分		排名		实际得分	实际失分	失分影响排名程度
			本期	本期	本期	环比	本期	环比	本期	本期	
安全管理	1	电网安全风险预警工作评价指数	10.50	100.00	4	0	1	0	10.50	0	
	2	《安规》调考评价指数	14.00	96.90	2	2	10	4	7.00	7.00	★★★★★
	3	安全隐患排查治理工作评价指数	14.00	99.65	2	-2	9	-8	7.00	7.00	★★★★★
	4	质量事件评价指数	10.50	93.00	4	1	4	1	10.50	0	
	5	电能质量在线监测指数	14.00	92.50	4	0	1	1	14.00	0	
	6	作业安全风险管控工作评价指数	7.00	1.21	4	0	4	0	7.00	0	

续表

专业名称	序号	对标指标	应得分	指标值	段位得分		排名		实际得分	实际失分	失分影响排名程度
			本期	本期	本期	环比	本期	环比	本期	本期	
人资管理	1	劳务派遣用工减员率	7.00	100.00	4	0	1	1	7.00	0	
	2	"三定"管理规范指数	7.00	—	—	—	—	—	—	—	
	3	内部人力资源市场配置指数	7.00	99.00	4	—	1	—	7.00	0	
	4	薪酬管理规范指数	7.00	100.50	4	0	1	0	7.00	0	
	5	全员绩效管理规范指数	7.00	90.00	4	0	1	0	7.00	0	
	6	福利保障管理规范指数	7.00	100.00	4	0	1	0	7.00	0	
	7	教育培训管理规范指数	7.00	100.00	4	3	1	7	7.00	0	
	8	人力资源计划评价指数	7.00	100.00	4	0	1	0	7.00	0	
	9	竞赛及调考成绩	14.00	—	—	—	—	—	—	—	
财务管理	1	财务集约化管理创新发展工作推进情况	49.00								
	2	财务管理支撑指数	7.00	2.40	4	—	1	—	7.00	0	
	3	项目预算管理工作规范化率	3.50								
	4	内外部监督检查问题整改完成率	3.50	95.00	4	0	1	0	3.50	0	
	5	电网基建工程投资预算执行偏差率	3.50	2.52	4	—	3	—	3.50	0	
	6	应付暂估风险率	3.50	0.20	4	0	13	1	3.50	0	

续表

专业名称	序号	对标指标	应得分	指标值	段位得分		排名		实际得分	实际失分	失分影响排名程度
			本期	本期	本期	环比	本期	环比	本期	本期	
物资管理	1	计划管理规范指标	8.40	97.40	2	0	8	−1	4.20	4.20	★★★
	2	协议库存及电商化管理规范指标	7.00	99.54	3	−1	4	−3	5.25	1.75	★★
	3	合同管理规范指标	3.50	88.57	1	1	11	1	0.88	2.63	★★
	4	集中采购规范指标	5.60	100.00	4	3	1	9	5.60	0	
	5	技术标准应用规范指标	14.00	97.99	3	−1	6	−5	10.50	3.50	★★★
	6	物资合同履约完成率	10.50	98.09	3	1	3	6	7.88	2.63	★★
	7	仓储物流基础管理指数	10.50	94.17	2	−1	9	−5	5.25	5.25	★★★★
	8	物资质量工作完成指数	10.50	94.21	4	2	3	6	10.50	0	
规划管理	1	主网规划准确率	14.00	99.80	1.8	—	12	—	6.30	7.70	★★★★★
	2	配网规划准确率	10.50	99.70	4	—	1	—	10.50	0	
	3	电网项目前期工作完成率	10.50	100.35	3.2	—	5	—	8.40	2.10	★★
	4	计划经营工作质量	7.00	82.60	1.4	—	14	—	2.45	4.55	★★★★
	5	同期线损合格率	7.00	93.88	2.6	—	8	—	4.55	2.45	★★
	6	投资管理优良率	10.50	100.00	4	—	1	—	10.50	0	
	7	统计工作质量	10.50	93.00	1.4	—	14	—	3.68	6.83	★★★★★
建设管理	1	建设任务与项目管理完成指标	14.00	92.30	2	−1	14	−4	7.00	7.00	★★★★★
	2	基建技术管理指标	7.00	94.70	2	−2	12	−11	3.50	3.50	★★★
	3	工程造价规范管理指标	14.00	90.00	3	−1	6	−5	10.50	3.50	★★★

续表

专业名称	序号	对标指标	应得分 本期	指标值 本期	段位得分 本期	段位得分 环比	排名 本期	排名 环比	实际得分 本期	实际失分 本期	失分影响排名程度
建设管理	4	基建安全管理综合指标	10.50	97.50	2	2	9	4	5.25	5.25	★★★★
	5	基建质量管理综合指标	10.50	97.00	4	0	3	−2	10.50	0	
	6	基建信息指标	7.00	100.00	4	0	1	0	7.00	0	
	7	建设队伍专业管理综合指标	7.00	96.70	4	0	1	1	7.00	0	
运行管理	1	调控运行情况上报率	8.40	100.00	4	0	1	0	8.40	0	
	2	调度纪律执行情况	7.00	0	4	0	1	0	7.00	0	
	3	自动化精益化管理指标	11.20	99.85	4	0	1	0	11.20	0	
	4	继电保护运行及管理指标	10.50	100.00	4	0	1	0	10.50	0	
	5	主网设备停电指标	7.00	100.00	4	0	1	0	7.00	0	
	6	监控信息准确率	9.10	—	—	—	—	—	—	—	
	7	日前负荷预测指标	8.40	90.00	4	0	1	0	8.40	0	
	8	调控机构工作贡献与工作质量	8.40	—	—	—	—	—	—	—	
检修管理	1	全过程技术监督月报工作质量	3.50	96.22	4	0	2	0	3.50	0	
	2	运检技术精益化管理指数	6.30	88.00	3	−1	17	−8	4.73	1.58	★★
	3	运检技术创新贡献指数	1.40	75.00	2	—	17	—	0.70	0.70	
	4	输电跳闸及非停指数	5.60	85.54	3	1	14	1	4.20	1.40	★★
	5	输电精益化管理指数	7.00	90.00	4	0	12	0	7.00	0	

续表

专业名称	序号	对标指标	应得分	指标值	段位得分		排名		实际得分	实际失分	失分影响排名程度
			本期	本期	本期	环比	本期	环比	本期	本期	
检修管理	6	输电创新贡献指数	1.40	97.00	4	—	3	—	1.40	0	
	7	变电设备故障停运指数	5.60	99.83	4	0	11	−10	5.60	0	
	8	变电精益化管理指数	6.30	93.60	4	0	11	0	6.30	0	
	9	变电创新贡献指数	2.10	86.00	3	—	11		1.58	0.53	★
	10	配电精益化管理指数	5.60	95.53	4	1	7	−4	5.60	0	
	11	配电自动化建设应用指数	2.80	98.03	4	1	3	6	2.80	0	
	12	配电网建设及标准化指数	5.60	93.58	3	0	5	0	4.20	1.40	★★
	13	配网不停电作业指数	2.80	95.28	4	0	8	−7	2.80	0	
	14	生产技改大修精益化管理指数	7.00	81.88	3	—	6	—	5.25	1.75	★★
	15	PMS2.0 实用化应用指数	7.00	90.65	4	1	9	2	7.00	0	
营销管理	1	营销服务规范率	7.00	96.20	2	0	14	0	3.50	3.50	★★★
	2	市场拓展指数	7.00	93.24	3	−1	6	−4	5.25	1.75	★★
	3	同期线损管理成效	7.00	90.58	4	1	2	6	7.00	0	
	4	计量管理实用化率	7.00	98.15	4	0	7	1	7.00	0	
	5	营销业务规范率	7.00	99.50	3	2	5	6	5.25	1.75	★★
	6	"互联网+"营销服务管理成效	7.00	100.00	4	0	1	0	7.00	0	
	7	营销稽查及项目管理规范率	7.00	85.81	4	1	3	0	7.00	0	
	8	移动作业应用率	7.00	94.70	3	−1	8	−5	5.25	1.75	★★
	9	智能用电管理成效	7.00	98.64	4	0	1	0	7.00	0	
	10	营配调贯通管理成效	7.00	96.32	4	1	13	−3	7.00	0	

续表

专业名称	序号	对标指标	应得分 本期	指标值 本期	段位得分 本期	段位得分 环比	排名 本期	排名 环比	实际得分 本期	实际失分 本期	失分影响排名程度
配套管理	信通分公司 1	信息化计划管理规范性	4.20	100.00	3	−1	6	−5	3.15	1.05	★
	2	信息系统运行指数	4.20	100.17	3	0	6	−1	3.15	1.05	★
	3	网络与信息安全指数	5.60	100.50	3	−1	5	−3	4.20	1.40	★
	4	信息化建设任务完成率	4.20	97.79	2	−1	9	−3	2.10	2.10	★★
	5	通信项目建设管理指数	4.20	99.01	3	−1	6	−5	3.15	1.05	★
	6	通信管理规范指数	4.20	97.50	2	0	7	1	2.10	2.10	★★
	7	通信安全运行指数	4.20	80.19	0	0	16	0	0	4.20	★★★★
	8	信息通信基础管理评价	2.80	96.00	4	2	1	8	2.80	0	
	发展部 1	科技创新任务完成率	4.20	121.88	3	1	6	4	3.15	1.05	★
	2	环保管理规范性	4.20	100.80	4	1	2	3	4.20	0	
	综合服务中心 1	小型基建项目管理规范指数	7.00	100.00	4	0	1	0	7.00	0	
	2	非生产性房产管理规范指数	7.00	100.00	4	0	1	0	7.00	0	
	3	后勤依法规范管理指数	7.00	100.00	4	0	1	0	7.00	0	
	办公室 1	保密工作管理规范指数	7.00	90.00	4	—	1	—	7.00	0	

说明：黄色表示较严重，红色表示很严重，"★"越多表示越严重。

附录 B　某地市供电公司年度对标竞争力分析报告

对标管理是通过"树标杆、对数据、找差距、补短板",将自身经营指标和管理实践与一流企业持续开展对比分析,学习借鉴现代化管理经验,实施管理提升,实现业绩和管理不断创新超越的过程。

公司(附录 B 中公司一律指某地市供电公司)提出了对标工作"巩固提升"的目标,突出精益、精准对标,坚持问题导向和目标导向,优化指标体系,科学定位对标目标,实施过程精细化管控,巩固现有成绩,补齐短板,争进位、争标杆。

公司提出了对标工作"争先进位"的要求,坚持以提高效益效率为目标,以对标考核为抓手,狠抓过程管理、精益管理、规范管理,争进位、当标杆。

本报告就对标的整体情况、专业情况、指标明细和典型经验四个方面分别作出竞争力分析和对策建议。

一、上年度对标工作情况

(一)地市供电公司对比分析

上年度省电力公司发布了全部 145 项对标指标,公司对标综合管理850.27 分,得分率为 85.03%,同比上升 7.17 个百分点,排名第 5,同比进步 1 名。综合得分脱离第二方阵,进入第一方阵尾部位置。

其中业绩对标 249.67 分，得分率为 83.22%，同比上升 0.22 个百分点，排名第 3，与同期持平，业绩得分处于第一方阵尾部位置。值得注意的是业绩排第 4、5 名的公司，业绩得分与公司仅相差 3 分。

管理对标 600.6 分，得分率为 85.8%，同比上升 12.16 个百分点，排名第 5，同比进步 2 名。

竞争性对策：公司综合排名较稳定，但与前四名公司有较大差距，要想进入综合标杆的行列，必须严控指标失分情况，要想不退步必须减少短板指标和失分较大指标。

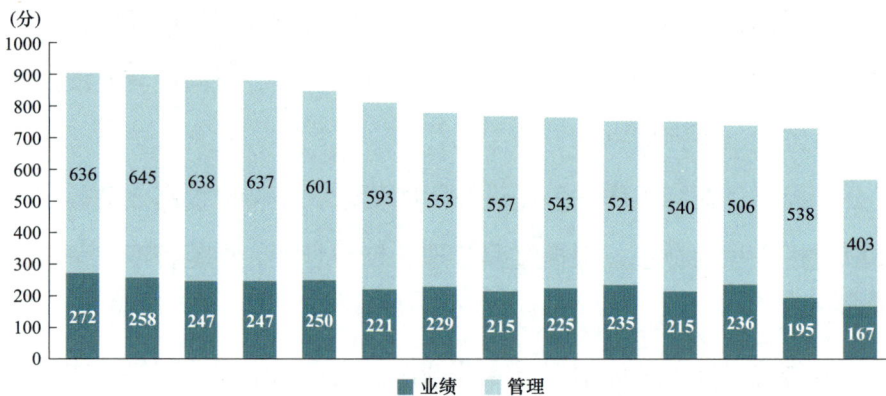

图 B-1　各地市供电公司对标得分情况

（二）各专业排名进退步明细

公司综合对标、业绩对标、管理对标和安全、人资、检修、物资、规划、建设、营销、信通等 8 个专业完成责任目标，其中，业绩对标和安全、人资、检修、物资、规划等 5 个专业完成年度对标目标。

进步较大的专业有规划（进步 8 名）、人资（进步 7 名）、物资（进步 6 名）、检修（进步 5 名）。

公司各部门对标完成情况见表 B–1。

表 B–1　　　　　　　　公司各部门目标完成情况

类　别		年度目标	年度实际排名	年度目标完成情况
业绩对标排名		保五争三	3	完成
管理对标	安全管理	保五争三	2	完成
	人资管理	保四争标杆	2	完成
	财务管理	保三	12	未完成
	物资管理	保五争三	3	完成
	规划管理	保六争五	5	完成
	建设管理	保七争五	6	完成
	运行管理	保六争五	12	未完成
	检修管理	保六争三	2	完成
	营销管理	保五争三	4	完成
	信通分公司	保六争五	6	完成
	综合服务中心	保五争四	12	未完成
管理对标排名		保五争三	5	完成
综合排名		保五争三	5	完成

竞争性对策：各部门以公司上年度综合排名为基础，重新制定了对标工作目标，除了按照规定兑现奖罚外，且与部门评先评优相挂钩。

（三）指标段位分布变化分析

在发布的 145 项指标中，公司 85 个 A 段指标，占指标总数的 58.6%，与 2016 年相比，A 段指标同比增加 26 个，增长率为 44%；35 个 B 段指标，占 24.1%；实现了 C 段指标的良性升级（见图 B–2）。

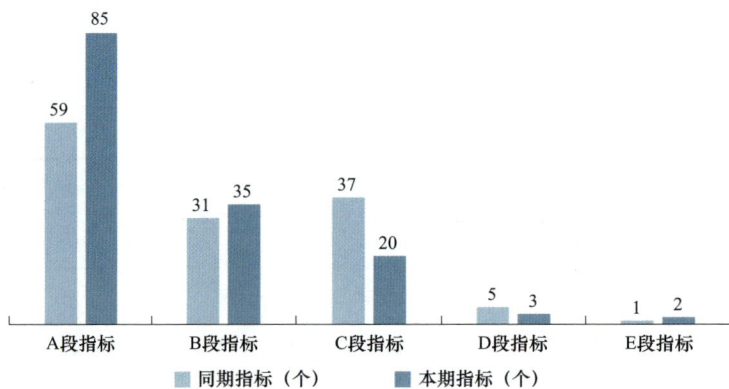

图 B-2　公司指标段位分布同期对比示意

表 B-2　　　　　　　　**公司 2017 年指标段位分布占比**　　　　　　单位：%

统计期	E 段	D 段	C 段	B 段	A 段
一季度	3.09	2.06	20.62	22.68	51.55
上半年	4.07	0.81	16.26	24.39	57.72
前三季度	0.81	4.03	19.35	21.77	54.03
全年	1.38	2.07	13.79	24.14	58.62

竞争性对策：从表 B-2 中可以看出，D、E 段指标数量在 2017 年度得到有效控制，占比降低，2017 年年度对标成绩比前三季度更好，经过对标整改，C 段指标大量提升到 A、B，形成良好的对标结果。

二、各专业对标工作情况

（一）安全管理

安全管理获得标杆，失分较大的指标是"安全隐患排查治理工作评价指数"，该指标值为 100.05 分，"明显成效激励"加分项不足。

（二）财务管理

财务管理主要失分指标是"财务集约化管理创新发展工作推进情况"得 2 分。该指标权重较大，为 49 分，指标定义出台时间较晚，在第 5 次双月对标时仍未参与对标评价，不利于管控。同时该指标 11 家地市供电公司得 4 分，按照对标的计算规则，该指标一旦扣分，失分公司很难扭转不利的局面。财务专业另一失分指标"财务管理支撑指数"得 3 分，排名第 3。

竞争性对策：对"财务集约化管理创新发展工作推进情况"这种不便于管控且权重较大的指标，要加强与上级财务部门沟通，提前了解打分规则和预测结果，制定有效的提升和整改措施，规避此类事件再次发生。

（三）运行管理

运行管理主要失分指标是"调度纪律执行情况"，得 0 分。因为一张检修申请票及操作命令票中，核相点之间无刀闸断开点的操作项目。该起事件导致对标指标得 0 分。

竞争性对策：运行管理专业多为事件性指标，平时各单位都是满分，一旦扣分指标将滑落到 D 段位或者 E 段位，2017 年"调度纪律执行情况"的持续短板说明后续挽回较为困难，需要梳理体系、制定完备的安全措施防止此类事件再次发生。

（四）配套保障

配套保障管理通信专业主要失分指标是"通信安全运行指数"（位于 E 段），得 0 分和"信息化计划管理规范性"（指标值为 100.15 分，位于 D 段），得 1 分；综合专业主要失分指标是"小型基建项目管理规范指数"（指标值为 104 分）"后勤依法规范管理指数"（指标值为 100 分），均位于 C 段，主要失分原因均为加分项不足。

竞争性对策：在保证不发生信息事件或安全事件的前提下，年初针对加分项制定针对性举措，落到实处并贯穿全年；加强横向沟通，学习对标目标公司的加分举措，并掌握各单位加分情况。

（其他专业省略）

（五）主要失分专业

从业绩分布来看，如表 B-3 所示，公司业绩优秀模块失分较多，失分 22.70 分。

表 B-3　　　　　　　　　　2017 年度对标业绩指标失分情况

模块名称	指标个数	参评权重（分）	劣势指标占比（%）	失分（分）
电网坚强	9	60	22.22	5.70
资产优良	10	60	30.00	11.82
服务优质	12	81	16.67	6.84
业绩优秀	15	75	40.00	22.70
现代公司	9	24	11.11	3.27
业绩指标合计	55	300	25.45	50.33

从专业分布来看，如表 B-4 所示，与前三季度相同，规划管理、运行管理、配套保障专业指标失分较多，共计失分 55.65 分，占总失分的 56%。

表 B-4　　　　　　　　　　2017 年度对标管理指标失分情况

专业名称	指标个数	参评权重（分）	劣势指标占比（%）	失分（分）
安全管理	6	70	16.67	8.75
人资管理	9	70	0.00	5.25
财务管理	6	70	16.67	6.65
物资管理	8	70	0.00	4.38

续表

专业名称	指标个数	参评权重（分）	劣势指标占比（%）	失分（分）
规划管理	7	70	14.29	16.80
建设管理	7	70	14.29	8.75
运行原理	8	70	25.00	15.40
检修管理	15	70	0.00	2.98
营销管理	10	70	10.00	7.00
配套保障	14	70	42.86	23.45
管理对标合计	90	700	14.44	99.41

竞争性对策：公司要在 2018 年保证业绩标杆不失，一是要着力提升短板业绩指标，业绩优秀指标失分主要集中在人资和财务方面，要缩小与第一名的差距，在"拉分项目"上有所突破；二是要巩固营销、发展、检修专业的业绩指标，保持领先优势。

公司要在 2018 年管理指标有所突破，一是要争取提升财务、建设、运行、配套专业的排名，进一步减少失分；二是要有针对性地提高失分较大以及和标杆单位相比占劣势的指标；三是要与公司相关专业建立良好的沟通机制，做到公司特色充分展示，专业排名提前预知，对标成绩稳步提升。

三、各指标情况

（一）短板指标

2017 年以来，公司强化对标过程管理，对标管理部门与办公室协同督办短板指标治理工作，短板指标的提升取得一定成绩。3 个指标得 1 分（D 段），2 个指标得 0 分（E 段），合计占指标总数的 3.5%，较同期下降了 1.1 个百分点，见表 B-5。

表 B-5   2017 年度对标短板指标明细

序号	牵头部门	对标指标	评价得分（分）	短板顽固程度
1	营销部	结算数据准确率	1	3 次
2	调控中心	调度纪律执行情况	0	6 次
3	调控中心	日前负荷预测指标	1	1 次
4	信通分公司	信息化计划管理规范性	1	0 次
5	信通分公司	通信安全运行指数	0	4 次

竞争性对策：除"信息化计划管理规范性"指标外，其他所有指标均在 2017 年双月和季度对标中有所体现，后续提升较为困难，这些指标也体现了公司目前工作中的一些难点，2018 年要提前制定预防措施，防止短板再次发生。

（二）主要失分指标

通过对各指标得分数据进行分析，尽管短板指标发生变化，但公司整体主要失分指标没有大的变化，其中六个失分指标与前三季度完全相同。

表 B-6   失分前十位指标一览表

序号	业绩指标	牵头部门	段位得分	指标排名	权重分	权重失分
1	有效资产增长率	财务部	2	7	9.00	4.50
2	成本费用收入比	财务部	2	7	10.80	5.40
3	EBITDA 利润率	财务部	2	6	8.10	4.05
4	经营贡献度	财务部	2	7	8.10	4.05
5	边际贡献增长率	财务部	2	10	10.80	5.40
6	安全隐患排查治理工作评价指数	安监部	2	11	14.00	7.00
7	统计工作质量	发展部	2	12	10.50	5.25
8	调度纪律执行情况	调控中心	0	12	7.00	7.00
9	日前负荷预测指标	调控中心	1	11	8.40	6.30
10	通信安全运行指数	信通分公司	0	13	4.20	4.20

从表 B-6 来看，失分前十位指标共失分 53.15 分，占本次对标所有失分指标的 35.5%。

四、典型经验情况

省电力公司发布了 2017 年获奖典型经验项目名单，公司获奖 12 篇，创近年来新高，见表 B-7。

表 B-7　　　　　　　　　　获奖典型经验项目名单

序号	专业名称	典型经验项目名称
1	安全管理	开展外包队伍安全施工能力评估，提升农配网建设工程安全质量管理水平
2	人资管理	乡镇供电所劳动定员深化应用实践
3	人资管理	内部人力资源市场软流动积分实践
4	规划管理	构建"三位一体"重点区域配电网规划全过程管理体系
5	建设管理	加强工程前期审工作流程化管理，促进电网建设程序规范化
6	运行管理	网源协调及新能源联合，优化调度并网安全管理
7	检修管理	基于无人机技术的输电架空线路"三跨"精细化巡视
8	营销管理	以规范管理为抓手打造营销特色项目管理
9	营销管理	实体供电营业厅转型升级实践
10	信通及环保管理	强化工作协同，全面提升通信设备资产管理规范性
11	综合管理	建设数字化供电所，促进"运营数据服务平台"实用化
12	综合管理	强化对标过程管控，助力企业管理提升

竞争性对策：完善典型经验奖励机制，激发公司人员参与积极性，建立公司级典型经验库，推进成熟适用的典型经验形成优秀管理案例，向业务管理标准规范转化，为学习借鉴标杆单位先进管理理念和方法搭建交流平台，带动公司整体管理水平的持续提升。

五、下一步工作重点

对标管理是不断和竞争对手及行业中最优秀公司比较实力、衡量差距的过程。2018年，围绕公司提出的"打基础、管长远，补短板、强弱项，增动力、提质量"的新发展理念，公司下一步要做好以下几点。

1. 加强组织，大力宣贯新对标体系

2018年，公司对标体系将有较大的调整，将进一步降低指标复杂度，提高评价区分度，加强指标客观性，减少依赖主观评分的指标、缺乏核查手段的指标。公司将及时组织各部门、各单位对新对标体系进行宣贯和学习，举办培训班，针对不同层次的专业人员进行培训，务求迅速转变观念，尽快掌握新体系的指标结构，深入理解新体系给对标工作带来的变革及深刻影响，在保持并提升业绩对标水平的基础上，努力提升管理对标成绩。

2. 完善机制，全面提升对标管理水平

一是继续组织签订年度对标目标责任状，将对标排名和指标目标分解落实到部门，责任到人，做到目标定位明晰，责任主体明确。2018年对标整体目标是保五争标杆，各部门目标排名要以第五名为基础，争进位、当标杆，高标准定位对标目标。二是进一步优化对标考核工作实施方案，建立有效的考核奖惩机制，固化对标指标优势，改进业绩指标考核方法，充分展现各部门工作特点，加大典型经验考核力度，发挥对标管理的抓手作用、导向作用和激励作用。

3. 强化过程，不断优化对标管理手段

一是开展指标预警等级划分。通过信息化手段实时跟踪指标动态，深挖影响指标提升关键末端因素，找准改进着力点，对纳入红色、黄色预警

的指标按月开展督导检查，进一步巩固优势、突破短板，促进整改措施有的放矢，保证弱项指标在管控周期内有提升。二是开展对标指标对策表编制，分解指标因子，细化指标监测维度，保证指标监测的准确性、有效性、时效性。三是将大权重指标纳入公司重点工作督办机制，协同办公室、人资部等部门对异动处置评价结果进行督办和考核，同时结合运监协同机制，深入剖析异动根因，不断堵塞管理漏洞，支撑公司对标成绩不断提升。

4. 深化协作，加强沟通与交流

一要向上沟通到位。加强与上级对口部门的汇报沟通，及时领会最新精神，主动展示工作亮点，积极争取理解支持。二要左右了解到位。加强向先进公司的学习，及时消化吸收先进对标理念，了解公司所处的区间和位置，为提升措施提供信息保障，关注其指标突变或各种剔除因素，做到心中有数。三要内部管控到位。要强化内部协作交流，各部门要加强信息系统中数据的审核与管控，上报系统中没有的数据时，要与对标专责和分管领导沟通，确保指标数据能切实反映公司管理的先进水平。

5. 学习先进，做好典型经验发布推广

对标典型经验总结是改进指标、提升管理水平工作举措和内在原因的重要手段。公司各部门一是要主动凝练对标管理经验，提炼工作中的亮点，编写优秀的典型经验成果，公司将组织各部门展开预审和交叉互评，层层把关修改完善。二是要积极参与典型经验的评审发布，典型经验评审会既是成果评审会也是经验交流会和现场推广会，要充分利用发布会这一形式，展现公司工作特色，学习引用其他公司优秀成果。三是要加强典型经验推广应用，增加典型经验的活力，推动成熟典型经验向固化管理流程的转化，提升专业管理水平。

附录 C　典 型 经 验 案 例

案例1　某地市供电公司构建"五位一体"对标管理体系，助推企业管理登高

一、总体思路

公司（本案例中指某地市供电公司）充分运用对标管理的抓手作用，创新构建"五位一体"（目标、指标、责任、管控、考核）对标管理体系，建立"对标目标科学分解、指标体系充分传导、指标责任逐级落实、过程管控及时有效、考核精准客观"的对标管理模式，形成"上下联动、专业协同、整体推进"的良好工作局面，助推企业管理登高。

二、主要管理做法

（一）多级审核，科学制定对标目标体系

对标管理部门运用数据分析方法，综合考虑指标优劣情况及提升难易程度，初步确定对标指标目标。指标牵头部门结合业务实际，研判指标趋势及提升潜力，对指标目标提出修改建议。对标管理部门根据指标牵头部门意见，对目标做二次调整，形成《对标目标分析报告》，对标目标包括综

合排名目标、专业排名目标、各指标得分目标等。通过召开部门协同会、专业工作会、总经理办公会，审定对标目标。

（二）层层分解，构建"四级"对标指标体系

公司坚持"行政主导、业务同质、精益对标"的总体原则，以"客观精准、注重引导"为目标，在全国率先推行"四级"对标体系，即参与开展地市供电公司对标，同时结合业务实际及指标特性，将对标指标层层分解至基层单位、班组，在内部开展基层单位和班组对标活动，由对标管理部门发布评价结果、评定标杆、开展考核，有效推动对标指标的纵深传导。

（三）横纵结合，形成指标责任体系

将对标视作"一把手"工程和系统工程，层层落实对标责任，坚持"指标流映射业务流、业务流定位责任人"的理念，将指标责任横向量化关联到各相关部门，纵向量化贯通到基层单位、班组，构建"领导班子、管理部门、基层单位、班组"四级对标责任体系，形成对标工作合力，推动"指标进步、对标进位"。

一是横向关联，确定牵头部门和配合部门责任。牵头部门首先明确本部门指标责任领导、专责，然后按照指标定义、业务实际提出配合部门及指标责任关联系数；配合部门确定指标责任领导、专责，对责任关联系数有异议的部分进行反馈；对标管理部门汇总指标责任关联信息，组织召开对标工作协调会，对存在异议的指标展开讨论协商，确定对标指标责任关联系数，见表 C-1。

表 C-1 　　　　　　　　对标指标责任关联系数

序号	指标名称	指标单位	权重	目标得分	牵头部门及关联系数	配合部门及关联系数
1	优质服务评价指数	%	15.39	2	营销部（0.5）	运检部（0.4）、调控中心（0.1）
2	结算数据准确率	%	3.16	3	营销部（0.6）	发展部（0.1）、调控中心（0.2）、财务部（0.1）
3	购电计划执行率	%	3.16	3	营销部（0.7）	调控中心（0.3）
4	直接交易服务规范率	%	4.21	3	营销部（0.8）	调控中心（0.1）、运检部（0.1）
5	自备电厂管理规范率	%	1.50	4	营销部（0.8）	发展部（0.1）、调控中心（0.1）
6	电能替代市场发展指数	%	2.25	3	营销部（1.0）	

二是纵向贯通，明确基层单位、班组指标责任。牵头部门将指标细化分解成业务事项，明确业务提升方向及重点，将指标任务量化分解至各相关基层单位，各基层单位确认指标责任领导、责任专责，确定指标提升措施。各基层单位内部量化分解指标任务至班组，明确班组指标负责人，执行指标提升措施。

（四）"三项"机制，实施对标过程管控

公司通过运行"三项"机制，不断强化对标过程管控，促进指标改进提升。

一是运行周跟踪机制，开展指标异常预警。对标管理部门根据国网大供及地市对标评价结果编制《对标指标周监测表》，每周监测指标数据并予以发布；各部门指标责任人将问题落实至基层单位，由基层单位定位到班组。由指标责任人提出指标存在的问题、解决措施。对标管理部门汇总相

关信息后，在周例会上予以通报，对于需要部门协同的事项在对标月沟通会上协调解决。

二是运行月沟通机制，推动对标信息贯通。指标牵头部门每月向上级指标管理部门沟通汇报工作，掌握专业工作方向及要点，跟踪指标动态信息。每月召开部门月沟通例会，集中讨论需要部门协同解决的对标工作事项，形成具体措施，并在下月例会上通报执行效果；各部门自行组织召开专业会，加强基层单位指标管控，确保整改措施得到逐级落实。

三是运行季诊断机制，定位问题分析短板。每季度对标评价结果发布后，召开季度对标诊断分析会，对标管理部门通报整体对标情况及存在问题，各部门作专业对标诊断分析报告，指标责任单位详细分析短板指标原因，汇报提升方案。同时，由专业部门制定指标提升计划，将任务分配至各基层单位，有序推进指标提升。

（五）锁定目标，实施多维度对标考核

通过实施对标多维度考核，强化对标目标管控。

从时间维度分，对标考核分为"季度绩效考核"和"年度专项奖惩"。"季度绩效考核"以 100 分为基准分，依据部门目标完成情况及环比进退位情况实施加减分；对基层单位、班组，依据对标实际排名情况实施加减分。"年度专项奖惩"考核原则与季度保持一致。

从指标维度分，对标考核分为"关联考核"和"穿透考核"。"关联考核"是根据指标关联系数对牵头部门和配合部门实施关联考核，量化对标责任，强化部门横向协同。"穿透考核"是对重点指标实施专项考核。

三、主要成效

公司建立了"五位一体"对标管理体系，见图 C-1，通过制定科学的对标目标，将指标横向分解到部门，纵向落实到基层单位、班组，强化各级人员指标责任，落实指标考核，实施周跟踪、月沟通、季诊断的过程管控，使经营业绩和对标成绩稳步提升。2017 年售电量同比增长 6.63%；内部概念利润同比增长 5.68%；全员劳动生产率同比增长 23.22%。在地市供电公司对标中，公司综合得分率从 2015 年的 76.9%提升至 2017 年的92.58%。国网大供排名从 2015 年的 18 名提升至 2017 年的 15 名，2016 年、2017 年连续获得地市供电公司对标综合排名第 1 名。

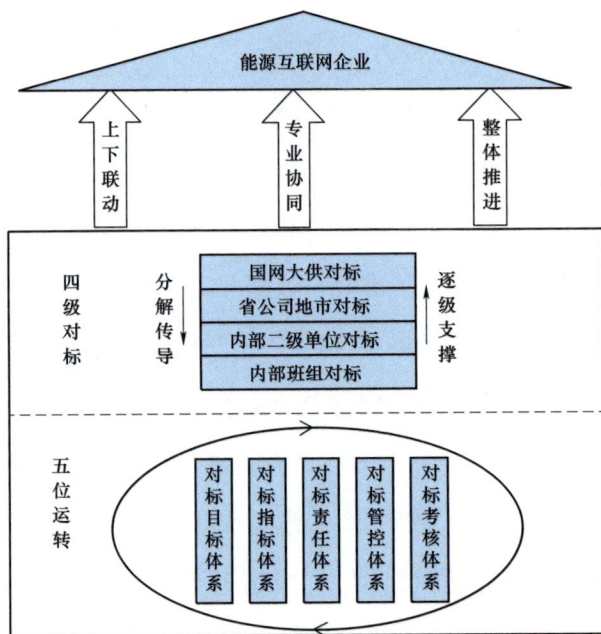

图 C-1 "五位一体"对标管理体系

案例 2　某地市供电公司开展"三级对标"，提升对标管理支撑力度

一、总体思路

公司（本案例中指某地市供电公司）结合内外部环境，开展以"管理为龙头、靠效率争排位"的"三级对标"（地市供电公司、基层单位、班组）工作，纵向传导指标压力，促进对标工作全员参与，全面提升公司对标管理水平。

二、主要管理做法

在地市供电公司对标基础上，开展内部基层单位对标及班组对标，自上而下逐级传递对标压力，定期评价分析，强化奖惩激励，自下而上层层推动管理提升。

（一）全面管控，建立"三级对标"组织保障体系

地市供电公司对标层面，成立公司对标领导小组和工作小组，明确职责分工和工作要求，在每个部门指定一名兼职人员具体负责对标工作联络和专业指标数据的收集。基层单位对标层面，成立柔性机构，负责本单位内部对标管理工作，组织实施本单位班组对标工作。班组对标层面，成立班组对标管理部门，负责各项对标指标的实施。

（二）因地制宜，设置"二级对标"指标体系

基层单位对标层面，依据公司制定的地市供电公司对标指标体系，按

照"突出指标延伸、突出工作重点、突出薄弱环节、突出客观评价、突出主观努力"的原则，构建基层单位对标指标体系，包括 8 大专业共 85 项指标。

班组对标层面，在地市对标管理部门的指导下，充分调动基层单位主观能动性，结合各单位自身实际，对各类班组科学分类，自主建立班组对标指标体系，使对标指标各级影响因子都能得到有效管控。以某单位为例，其班组对标体系涵盖 15 个综合班组、7 个生产班组、12 个营销班组，共计 38 项指标，见图 C-2。

（三）考核激励，促进对标评价结果应用

在对标评价成果的应用方面，以正向激励为主，每季度将各级对标结果与绩效考核挂钩，年度发布各级对标标杆，并进行差异化的专项奖励。

一是地市供电公司对标评价结果应用方面，对部门人员进行季度和年度考核。季度考核根据指标完成情况及专业管理排名，对劣于年度目标的指标责任人进行考核，并由对标管理部门向指标牵头部门发出预警通知书和督办单。年度考核按照对标整体完成情况及专业贡献度，对部门所有人员进行考核。

二是基层单位对标评价结果应用方面，季度考核按照各专业对标排名结果，分别设置专业标杆，对标杆单位予以绩效加分。年度考核根据基层单位各专业综合对标排名结果，给予差异化的专项奖励。

三是班组对标评价结果应用方面，按月通报班组对标排名情况，双月进行对标结果的绩效考核加减分。

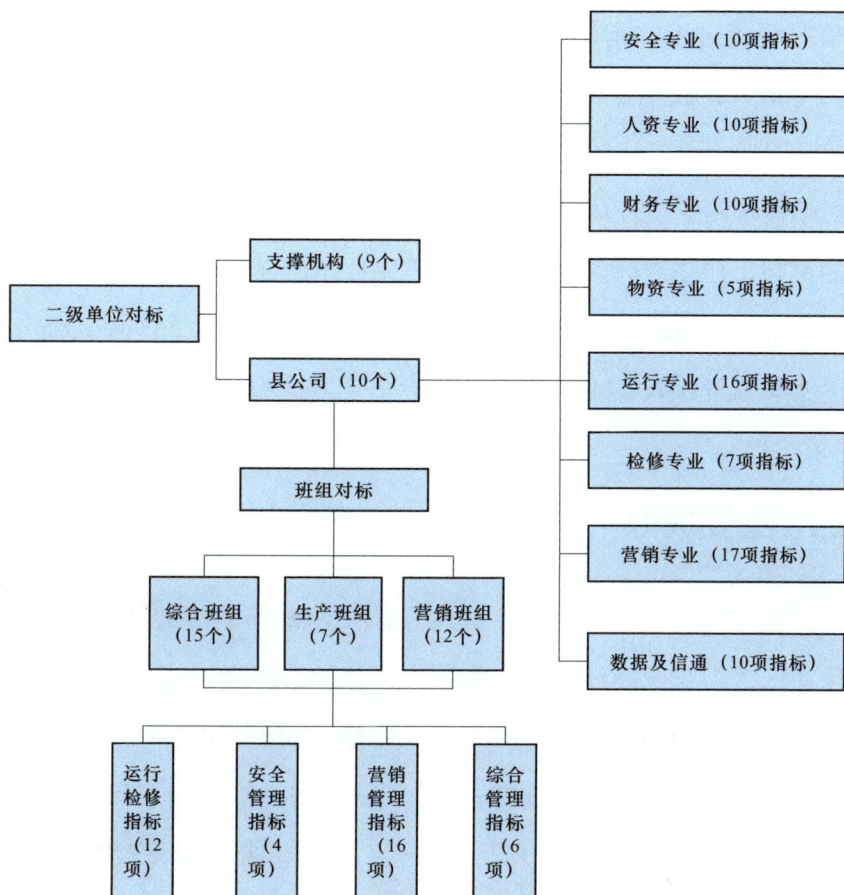

图 C-2　"二级对标"指标体系

（四）多措并举，强化对标指标过程管控

一是加强指标事前控制。进行指标完成预测分析，对预测完成值与目标相差较大的指标，通过横向联合机制组织各部门商讨制定整改措施，并通过考核结果检查整改措施的落实，做到指标的事前控制。

二是实施短板指标闭环管理。组织专业部门开展对标诊断分析，明确短板指标，进行分级预警。对整改措施跟踪分析，进行事后监督检查。

通过整改脱离短板的指标，撤销预警通知；整改效果不明显的指标，升级预警等级。整改措施的效果在公司月度会上进行通报，完成指标的闭环管控。

三是科学制定责任体系。按照"目标制定相互校核，对标考核层层支撑"的原则，建立对标目标考核责任体系，用严谨客观的激励制度保持对标工作执行力，将地市供电公司对标 145 项指标分解成 267 项二级考核因子，落实考核责任人 244 人·次。

三、主要成效

公司通过开展"三级对标"，建立了职责明确的地市供电公司、基层单位、班组三级组织保障体系，设置了差异化的二级指标体系，运用了绩效考核与专项奖惩相结合的激励方式，强化指标的事前预测预警、短板的闭环管理，有效发挥了对标管理的抓手、导向和激励作用，自下而上、齐心合力推动管理水平持续提升。2016 年、2017 年连续获得地市供电公司对标综合标杆、管理标杆，2017 年 10 个管理专业对标中，7 个获得专业标杆。

案例 3　大数据挖掘与对标管理深度融合

一、总体思路

对标管理是"分析现状、对照先进、寻找差距、持续改进"的闭环管理过程。对标的落脚点是用指标说话，透过指标数据看管理本质，而指标数据又渗透在各业务系统中，从海量数据中客观、实时取数是对标致力解决的问题，也是体现对标宗旨的关键。公司运用大数据思维，收集、分析来自指标体系对应的数据，实时监测指标数据的现状，通过历史数据、标杆数据设定判据进行预警，针对问题制定改进措施计划并对管理决策者进行展示，将大数据挖掘与对标管理深度融合，推动公司管理水平不断提升。

二、主要做法

（一）大数据应用于对标管理的模型构建

第一步，采集数据。对标体系包含 145 个指标，指标数据涉及各业务系统，要做到对每个指标进行监测，需要投入大量人力、物力，为了能迅速提升管理水平，需找准影响提升的短板专业和指标，作为重点监测对象。将短板指标细分到末端因子，剔除不可量化的部分，将可量化部分对应到各业务系统，从中实时获取数据。

第二步，处理数据。将来自业务系统的数据，利用唯一身份识别标志，提取与末端因子对应的关键字段汇集到数据池，形成集中的对标管理基础数据分析宽表，运用数据挖掘工具的处理功能，做统计性的分类、比较、聚类等分析和归纳，获取末端因子数据，按照指标定义建立计算模型，还原为一级指标，实现指标数据值的实时获取。

第三步，分析数据。以对标历史数据为基础、以标杆公司的指标水平为参照，预测未来的数据走势，对一级指标设立预警判据。建立提取数据与预测值对比的分析模型，事前发现问题及时预警，事后检验预测偏差，及时调整发展趋势。

第四步，展示数据。针对数据分析结论，找到蕴藏在数据里的管理问题，从业务层面以及问题点进行多层次分析，给出数据挖掘层面的解决措施。根据措施实施效果进行评估，将分析过程、评估结果形成报告，将数据转化为可视化图表进行展现，为领导决策提供依据，见图C-3。

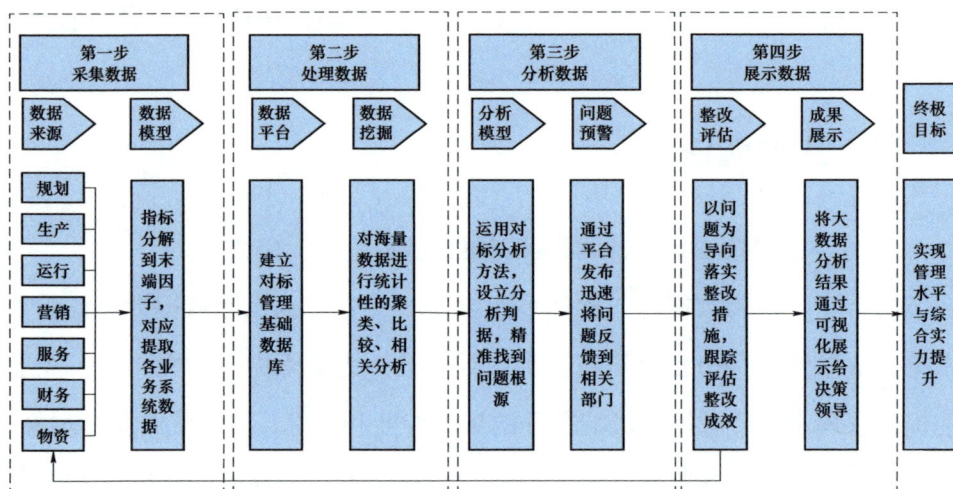

图C-3 大数据挖掘应用于对标管理框架图

（二）大数据应用于对标管理的效果验证

以物资管理中的"物资合同履约完成率"指标为例，对大数据挖掘与对标管理融合的效果进行验证。

"物资合同履约完成率"指标包括"月度物资供应计划完成率""物资到货验收评价完成率""物资合同结算完成率"三项小指标。其中"月度物资供应计划完成率"反映物资在计划交货期的正负28天内是否到货；"物资到货验收评价完成率"反映物资完成交接、验收后，是否完成ERP评价维护；"物资合同结算完成率"反映物资到货后25天内是否完成发票校验。

　　"物资合同履约完成率"数据来源于 ERP 和 ECP 电子商务平台,首先将指标分解到各级因子,映射到对应业务系统。然后采用大数据挖掘的监测方式,获取数据明细,提醒督促物资交货不能滞后,交货后及时完成系统维护,在规定期内完成发票校验,见表 C-2。

表 C-2　　　　　　　　　　　　"物资合同履约完成率"指标分解表

专业	对标指标	一级因子	二级因子	三级因子	数据来源	数据周期
物资管理	物资合同履约完成率	月度物资计划完成率		实际到货入库金额	ERP 和 ECP 电子商务平台	按天
				月度供应计划总金额		按天
		物资到货验收评价完成率	物资验收单维护完成率	到货验收条目数		按天
				供应计划条目数		按天
			订单履约评价完成率	本期订单实际评价个数		按天
				本期订单应评价个数		按天
		物资合同结算完成率	到货物资验收入账率	上月供应计划对应发票校验金额		按天
				上月供应计划实际到货金额		按天
			物资结算及时率	上月供应计划对应支付申请金额		按天
				上月供应计划到货款应付总金额		按天
		减分项:交货期变更		不可量化	ERP 和 ECP 电子商务平台	按天
		减分项:应付暂估款		应付暂估款		
		减分项:不规范操作,货未到,先做入库		不可量化		
		减分项:工作完成不及时		不可量化		
		减分项:配农网协议库存分配物资		不可量化		
		减分项:电商化采购结算完成情况	发票校验率	订单含税金额	ERP 和 ECP 电子商务平台	按天
				发票校验金额		按天
			支付比例	未结算金额		按天

第一步：将"物资合同履约完成率"指标细分，从 ERP 和 ECP 电子商务平台系统中导出 7 张表，提取物料过账日期，到货款触发日期，申请单创建日期，货物交接单凭证，货物验收单凭证，采购订单表，供应商名称、联系人、联系方式等关键字段，见图 C-4。

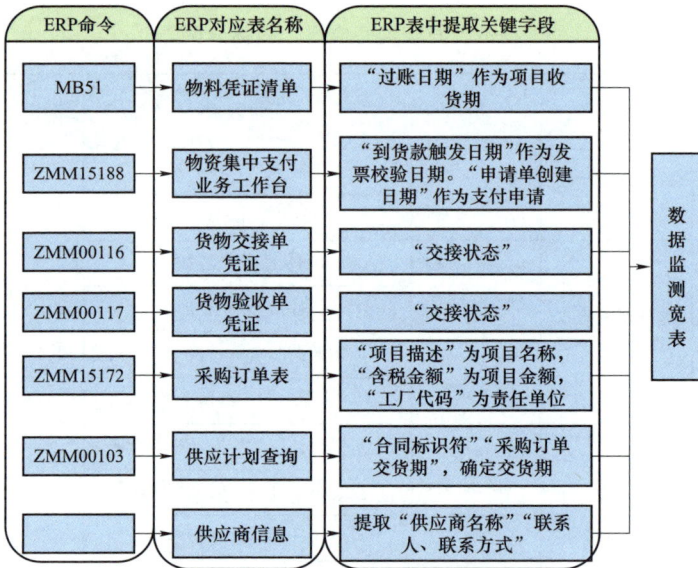

图 C-4 ERP 系统中提取的关键字段

第二步：将物资的采购订单号作为唯一身份标志，通过订单号将关键字段汇集到数据池，建立数据监测表，见表 C-3。

表 C-3 数 据 监 测 表

采购订单号	项目编码	项目名称	物资类别	总价（万元）	采购订单交货期	确定交货期	供应商名称	供应商联系人	供应商联系方式
		110千伏变电站增容工程	交流支柱绝缘子	—	2017/1/8	2016/12/29	××有限公司		
		110千伏变电站增容工程	110千伏交流中性点成套装置	—	2017/1/8	2017/1/8	××有限公司		

第三步：对数据进行分析比较，设定预警判据原则。"月度物资供应计划完成率"判据为交货期超出计划正负 28 天；"物资到货验收评价完成率"判据为 ERP 中未完成评价物资条目数；"物资合同结算完成率"判据为到货后超出 25 天未完成发票校验和超出 30 天未完成物资结算。

第四步：按指标定义建立指标数据计算模型，分专业、分单位进行汇总，得到指标数据值，见图 C-5。

合同履约指标完成趋势图

月份	月度供应计划完成率	物资到货验收评价完成率	物资合同结算完成率	减分项	得分
1月	80.12%	99.57%	95.14%	3.60%	86.86%
2月	83.68%	99.46%	95.36%	3.60%	88.32%
3月	100.00%	100.00%	84.19%	3.60%	91.66%
4月	53.75%	94.07%	100.00%	3.89%	75.83%
5月	98.80%	88.56%	83.26%	3.89%	87.18%
6月	88.33%	95.86%	89.92%	3.89%	87.18%
7月	100.00%	100.00%	80.03%	—	94.01%
8月	68.09%	98.44%	83.74%	—	81.89%
9月	83.09%	97.17%	76.35%	—	85.29%
10月	98.85%	100.00%	72.16%	—	91.19%
11月	100.00%	100.00%	77.65%	—	93.30%
12月	98.71%	98.35%	100.00%	—	98.99%
累计	87.78%	97.62%	86.48%	3.21%	87.14%

图 C-5   对标指标数据值计算图

第五步：从数据中获取超过预警判据的物资明细，告知相关部门迅速落实整改。

第六步：监督整改完成情况。由于物资进度在 ERP 中不断变化，为了督导指标整改，每周提取一次原始数据表，通过分析模型，检验指标提升情况。

通过大数据应用于对标管理的手段，经过半年的监控，用数据分析，"物资合同履约完成率"指标得到有效提升，排名从上半年第 14 名上升到年度第 6 名，清理了四季度超期合同，合同超期数为零。

三、主要成效

（一）将对标管理从结果向过程转变。传统对标是等结果出来以后，与标杆、同期、目标相比较，找出差距，发现问题，挖掘原因，加以整改，这是以结果为导向的过程。由于指标与日常管理是紧密结合的，将大数据挖掘运用到对标管理，把事后变为事前，感知问题的发展趋势，实时发现问题，及时整改纠偏，堵住管理漏洞，达到提升管理的目的。

（二）找准影响指标的关键症结。对标指标中绝大部分是复合型指标，由不同的管理部门负责，容易出现责任不清的现象。将大数据挖掘运用到对标管理，将指标拆分到最小因子，将每个因子关联到各业务系统，通过对系统数据的挖掘和分析，找准问题的关键点，精准到责任部门、岗位，对问题的整改真正做到有的放矢。

（四）共享性原则

由公司统筹部署建设对标管理信息系统，通过权限配置将应用层级向下拓展到地市供电公司、县供电公司，各层级单位按照体系分类搭建对标工作平台，利用系统的评价和分析功能，实现对标信息的集中存储、分级管理、辅助分析，有效支撑和推进各层级对标管理信息化。

（五）安全性原则

对标管理信息系统的业务应用将具备高安全可靠性，并通过采用多种安全机制和技术手段保障系统安全稳定运行，满足电网企业对网络和信息系统安全运行的要求。规范数据的输入格式，用 IP 地址限定用户权限的配置，做到数据严格保密。

三、对标管理信息系统的作用

对标管理信息系统对对标管理工作的支撑和提升主要体现在四个方面。

（一）规范数据填报，提高工作效率

指标数据的填报、审核工作均通过对标系统线上完成。指标数据的采录有自动取数、手工录入、模板导入多种方式，较以往指标数据通过线下邮件报送的方式，既提高了指标数据采录的工作效率，又规范了指标数据填报机制，保证了数据的准确性；在指标数据审核至发布期间，关闭对标管理系统查询数据功能，减少人为因素干扰，提高了指标数据的保密性。

（二）加强指标监测，保证对标水平

利用对标管理信息系统加大对指标的监测力度。健全对标管理信息系统的指标计算方式和评价周期，并行使用多套评价理论，实时反映指标

对标分析、对标评价、持续改进等众多科学、系统的数据分析、处理、跟踪功能，实现短板自动梳理、管理问题自动追溯，大幅减少判断错误与人为过失，有效划分责任归属，做到主动预警提示。

对标管理信息系统是一个服务于省、地、县、班组四级对标的现代化管理系统，具有指标体系管理、自动取数、数据分析、数据文件管理、综合评价等功能。建立动态对标数据库，对标指标全方位分析，对标管理规范化、精细化、信息化，是公司持续推动对标管理水平提升的有效工具。

二、对标管理信息系统的建设原则

（一）易操作性原则

对标管理信息系统实现批量数据传输，指标数据可批量导入、导出，对录入数据进行偏差分析，提升数据准确率。系统操作界面简单，对输入和自动获取的数据，利用信息化技术优势做到快速处理和主动分析，直接生成评价结果和诊断报告，满足对标工作需求，提升对标工作效率。

（二）可兼容性原则

对标管理信息系统架构的设计遵循融合适应的原则，严格按照公司级主数据管理体系要求提供标准接口，建立系统与全业务数据中心的数据交互，实现系统自动取数功能。

（三）可扩展性原则

对标管理信息系统具备良好的扩展性和可移植性；具备业务处理的灵活配置，能随着业务功能的变化灵活重组与调整，实现系统的升级改造，满足现有对标管理需求，同时适应未来一段时间对标需求及发展需要。

参 考 文 献

［1］ 方旭升. 电网企业对标工作手册［M］. 北京：中国电力出版社，2015.

［2］ 俞军. 供电企业同业对标指标关联关系研究及应用［D］. 华北电力大学，2015.

［3］ 姚海燕，陈毛昌. 对标典型经验推广应用机制构建与实践研究［J］. 企业管理，2017（S2）.

［4］ ［美］戴维 R. 安德森（David R. Anderson），丹尼斯 J. 斯威尼（Dennis J. Sweeney）. 商务与经济统计（原书第 13 版）［M］.机械工业出版社，2017.

［5］ 德勤华永会计师事务所. 对标具有全球竞争力的世界一流企业［M］. 北京：中国经济出版社，2019.